接话回话
1000金句

会说话是优势，会接话才是本事

郑小四◎著

中国言实出版社

图书在版编目（CIP）数据

接话回话 1000 金句 : 会说话是优势，会接话才是本
事 / 郑小四著. -- 北京 : 中国言实出版社，2025. 4.
ISBN 978-7-5171-5101-2

Ⅰ. C912.13-49

中国国家版本馆 CIP 数据核字第 202557X1L5 号

接话回话1000金句：会说话是优势，会接话才是本事

责任编辑：朱　悦
责任校对：薛　磊

出版发行：中国言实出版社

　　地　址：北京市朝阳区北苑路180号加利大厦5号楼105室
　　邮　编：100101
　　编辑部：北京市海淀区花园北路35号院9号楼302室
　　邮　编：100083
　　电　话：010-64924853（总编室）　010-64924716（发行部）
　　网　址：www.zgyscbs.cn　电子邮箱：zgyscbs@263.net

经　　销：新华书店
印　　刷：香河县宏润印刷有限公司
版　　次：2025年7月第1版　2025年7月第1次印刷
规　　格：710毫米×1000毫米　1/16　15.5印张
字　　数：189千字

定　　价：68.00元
书　　号：ISBN 978-7-5171-5101-2

前　言

　　在这个世界上，每个人都生活在群体之中，都要学会与身边的人打交道，进行交流和沟通。从本质上来说，人际交往就是双向沟通。无论是以书面语言和口头语言的方式，还是以肢体语言等方式，沟通的目的都是为了传递信息，表情达意。

　　在人际沟通中，语言是桥梁，有来有往是互动的规则。既然有问话，就要有回话。哪怕对方并没有提问，而只是陈述，我们也要积极地接话。唯有坚持语言的来往，沟通才能顺利进行。

　　说话固然重要，接话和回话更重要。一个人如果不会说话，就不能准确到位地表达内心真实的想法和感受，使沟通的效果大打折扣。一个人如果不会接话和回话，则很可能导致沟通中断。面对他人的提问，我们要了解他人真实的意图，给出他人想要的回答；在与他人寒暄时，我们除了要说自己感兴趣的话题之外，更要说一些他人感兴趣的话题，这样才能激发他人的谈兴，让谈话更加深入。很多人不管是接话还是回话，都存在很多问题，例如不能把握重点回答对方的问题；明知道对方有禁忌，却偏偏哪壶不开提哪壶，一句话把天聊死；说起话来啰里啰唆，浪费了很长时间，却没有说清楚自己的意图；说话太过直接，丝毫不懂得迂回曲折，导致一开口就让气氛降至冰点，甚至还有可能得罪对方……

　　每个人都会说话，然而会说话不等于擅长表达，更不等于能好好接话和好好回话。接话和回话看似简单，却很难做到高明巧妙。在人际交往中，接话和回话更是在很大程度上决定了沟通的质量。如今，不管是在职场上，还是在日常生活中，越来越多的人意识到人脉资源的重要性，因而有意识地结交更多朋友，也想方设法维护好与老朋友的关系。既然如此，一定要从现在开始苦练表达的基本功，争取做到口吐莲花，字字珠玑。

接话与回话能力的高低，还能体现出一个人是否有良好的素质和涵养。通常情况下，善于接话和回话的人能够设身处地为他人着想，把话说到他人的心里去，也能提出他人感兴趣的话题，使他人从态度冷淡到满怀热情，可想而知交谈的结果必然是从陌生到熟悉，甚至一见如故，成为朋友。在接话和回话时，我们还可以引经据典，抛砖引玉，把谈话一次次推向高潮。当气氛尴尬时，我们要发挥幽默的能力，活跃气氛，这样才能消融人与人之间的坚冰，缓解尴尬。当被他人质疑时，我们无须与他人翻脸，而是可以以讲故事、打比方等方式暗示对方，引导对方进行自我反思。总之，语言既有可能成为刀子，刺伤我们和他人，也有可能成为润滑剂，让我们和他人和谐相处。

美国著名的成功学大师卡耐基曾经说过，当一个人拥有良好的口才，就能结交更多朋友，让人生多一些畅通无阻的道路，也收获快乐与幸福。从这段话不难看出，良好的口才对每个人都至关重要。当一个人妙语如珠，把难听的话说得委婉动听，把强硬的话说得温和好听，那么他就会拥有强大的力量，说服他人，改变世界，也会让自己展现出与众不同的魅力，成为所有人关注的焦点。虽然成功者未必都有好口才，但是好口才却能为成功提供助力。学会接话和回话，我们就能在关键时刻以三寸不烂之舌，胜于百万雄师。

需要注意的是，不管是接话还是回话，都是以倾听为前提的。只有做到用心倾听，捕捉关于他人的重要信息，才能一开口就把话说到他人的心里去。有些人没有耐心倾听他人，只想自己滔滔不绝说个不停，这是本末倒置。

　　本书列举了很多典型的案例，以帮助读者朋友们学习接话与回话的正确方式，并且结合心理学知识，分析了在不同的社交情境中，面对不同的沟通对象，接话与回话需要考虑到的方方面面。在每篇文章的最后，还呈现了一些有代表性的对话，供读者朋友借鉴。此时此刻，也许你是语言大师，能够纯熟地运用语言表情达意，那么阅读本书将会为你锦上添花；也许你是语言小白，经常一张口就态度生硬，言辞犀利，在不知不觉间得罪了人，那么阅读本书将会为你指点迷津，也将会改变你的人生。

目 录

第三章　晓理动情巧说服，四两拨千斤动人心

第四章　妙语如珠爱幽默，谈笑风生其乐融融

第五章　学会拒绝说不行，善待他人放过自己

第六章　口吐莲花真赞美，言为心声倾诉真情

第七章　随机应变口不停，伶牙俐齿娓娓动听

第八章　因人制宜顺时势，漂亮回话易受欢迎

第一章
认真倾听稳接话，说得好
不如说得巧

很多人误认为沟通是从表达开始的，其实不然，真正的沟通始于倾听。与其急切地表达，不如耐心地倾听，唯有倾听才能帮助我们了解他人的所思所想，助力我们有的放矢、稳稳当当地接好话，做到既说得巧又说得好。

1. 接话，从倾听开始

【经典案例】

自从进入新公司，丽丽总是形单影只，仿佛隐形人一样毫无存在感。除了做好本职工作之外，她不知道上班还有什么乐趣可言。她想改变现状，融入同事之中，因而不得不强迫自己改变内向的性格，鼓起勇气夸张地和同事打招呼，也在几个女同事窃窃私语时而会心一笑地凑上前去。这天，阿玉穿着去云南旅游的民族风格裙子，大家都围在她的身边啧啧赞叹，丽丽也赶紧大声赞美道："这裙子可真漂亮啊，一定很贵吧。"阿玉不高兴地看了丽丽一眼，说道："这种旅游买的衣服，真没必要买特别贵的，因为很可能就是一时兴起才穿，很快就要压箱底了。"丽丽不知道自己说错了什么，一头雾水。她备受打击，原本想踊跃发言的她仿佛被泼上了一盆冷水，心灰意冷。

晚上，丽丽把这件事情告诉闺密，闺密说道："丽丽，我建议你下次先听听大家怎么说，再斟酌自己怎么说，不然很容易说错话。你要耐心一点儿。"次日，丽丽听到杜鹃正在向朱珠诉苦，控诉老公不把钱交给她管。朱珠当即毫不留情地批判道："作为丈夫，怎么能不上缴工资呢？要是两个人各自管钱，这个家还像家吗？"朱珠话音刚落，杜鹃的脸色就变得很难看，说道："我们作为女人当然想独揽财政大权，不过从男人的角度来看，也能理解。"朱珠又开始喋喋不休地说女人管钱的好处，眼看着杜鹃的脸色越来越难看，丽丽假装走到她们身边泡咖啡，说道："每个家庭都有每个家庭的生活模式，我家就是 AA 制，爸爸妈妈各自管钱，每到特殊的日子还能互相买礼物，特别浪漫。"杜鹃仿佛抓住了救命稻草，说道："是哦，我每次过生日，老公都送我贵重的首饰。要是我管钱，他就没法送我礼物了。"这时，朱珠也感受到杜鹃的情绪，赶紧和丽丽一起夸赞杜鹃永远都像在谈恋爱的浪漫生活。

【场景解析】

在上述案例中，丽丽急切地想要融入同事之中，因而不假思索地夸赞阿玉去云南旅游买的裙子，还猜测裙子很贵。丽丽随便猜测裙子的价格很贵，让阿玉很尴尬，也很生气。对于他人刚刚买的各种东西，接话时最好不要涉及价格这个敏感问题，因为猜得过贵会让对方觉得自己买的东西太便宜，猜得便宜又会让对方觉得自己是冤大头，花了冤枉钱。为了接好话，不妨先听听大家怎么说，再仔细斟酌，组织语言。

俗话说，吃一堑长一智。次日在茶水间遇到杜鹃和朱珠正在说家里谁管钱的问题时，丽丽终于耐住性子先听个明白，继而恰到好处地接话，帮助杜鹃解围。现代社会中，很多人都有交往障碍，首先要做的就是学会倾听。只有成为好的听众，才能成为受人欢迎的社交高手。具体来说，倾听既能帮助我们了解对方，也能让我们抓住对方的主要观点，以恰当的表达迎合对方。要想提高倾听的质量，还要清空自己内心先入为主的观点，采取客观的立场，保持不偏不倚的态度，接收他人传递的信息。如果他人意兴阑珊，则可以说一些他人感兴趣的话题，激发他人的谈兴。

【金句】

1.（询问不开心的人）XX做了什么让你生气的事情吗？你说说。

2.（对他人表示理解）我知道，你不喜欢他一定是有原因的，毕竟世界上从没有无缘无故的爱，也没有无缘无故的恨。

3.（开放式提问了解对方想法）你怎么能说上大学没有用呢？说说你的理由吧。

4.（对对方的观点表示认可）我知道就业很难，你有什么特别想做的事情吗？我可以支持你。

5.（夫妻谈话）关于婚后去婆家住，还是去娘家住，我们聊聊吧。

6.（医患沟通）作为医生，我理解你的感受，身患绝症，没有人不害怕死亡的。但是现在医疗手段很发达，我们要有治愈疾病的信心。

7.（表示关心）如果你愿意，可以向我倾诉，我保证不会嘲笑你。

8.（说明自己的爱情观）我知道你讨厌拜金女，但是我可不是拜金女，我崇尚纯粹的爱情。

9.（对他人表示理解）我知道，你是听到这件事情太生气了，觉得男孩不重视女孩，才会故意这么说的，快点儿消消气吧。

10.（道歉）先生，很抱歉给您带来了不好的购物体验，我们会为您解决问题的。

11.（客户对产品不满意）很遗憾，这个产品的质量不稳定，给您带来了麻烦。如果您愿意，我们可以帮您把东西升级成更高档的那一款，作为对您的补偿。您愿意吗？

12.（被他人指责）你总是指责我，抱怨我，我真的不想与你沟通了，除非你心甘情愿地做出改变。

13.（老师说孩子犯错）老师，很抱歉孩子给您添麻烦了，您能说说具体的情况吗？

14.（初入职场犯错）作为职场新人，我的表现是不是特别糟糕？您批评我吧。

2. 让平淡的话题生花

【经典案例】

一位年轻的女士走进售楼处，站在沙盘面前仔细看着。销售员赶紧走到女士身边，问道："女士，您好，请问您想看看多大面积的房子？我们这个楼盘地段好，才刚刚开盘，有很多优质房源可供选择，您可真有眼光啊。"女士继续盯着沙盘，头也没回地说："哦，我只是随便看看，你去忙你的吧，谢谢你哦！"听到这句拒人于千里之外的话，销售员心灰意冷，正准备退到一旁静静等候。这时，女士的电话响了，电话里传来孩子稚嫩的声音："妈妈，你什么时候回家啊！要记得给我带草莓蛋糕哦！"

销售员听到这软软糯糯的声音，忍不住笑着说："您家女儿的声音可真好听啊，一听就知道她一定是个漂亮的小姑娘。她还喜欢吃草莓，皮肤也一定特别白皙水嫩吧。"在这个世界上，所有妈妈都最爱自己的女儿，当听到有人真心诚意地夸赞自己的女儿时，妈妈一定会特别开心，也因此爱屋及乌，喜欢那个夸赞女儿的人。果不其然，女士如同打开了话匣子，说道："小妹妹，看着你年纪不大，怎么这么会说话呢，你一定很喜欢孩子吧。"销售员笑着说："您看过电视剧《父母爱情》吗？实不相瞒，《父母爱情》里是德华姑姑，我可是德华小姨呢，我读大学期间一到寒暑假就帮我姐姐带孩子，接连带大了两个外甥女呢。"女士惊奇地看着"德华小姨"，忍不住哈哈大笑起来。很快，女士与销售员热络地聊了起来，看着她们谈笑风生的模样，很多同事误认为她们此前就认识呢。

【场景解析】

不同的人感兴趣的话题是不同的，例如我们不能和垂暮老人谈论网络游戏，不能和孩子谈论健康与养生，不能和家庭主妇谈论月薪，不能和职场女性谈论烹饪。只有因人制宜，才能选择合适的话题，激发对方的谈兴，让对方从意兴阑珊变得兴致勃勃，谈兴大发。

在上述案例中，作为房屋销售人员，无疑要和形形色色的客户打交道。有些客户喜欢销售人员围着自己打转，这能帮助他们找到存在感，获得优越感，有些客户则喜欢独自安静地了解楼盘信息，特别害怕被销售员口若悬河地推销。对于前一种类型的客户，销售人员自然可以使出浑身解数，滔滔不绝地推销楼盘，而对于后一种客户，在没有找到对方感兴趣的话题作为切入点之前，与其盲目地套近乎，不如识时务地安静等待。在此过程中，要捕捉合适的交谈信息。例如，对方接到了同事的电话，无意间透露出来的工作信息；对方带来了家人，和家人沟通时表达的需求信息等。只有找准话题，也抓住好机会赞美对方，才能让对方心花怒放，也让原本平淡无奇的话题变得富有吸引力。

【金句】

1.（推销护肤品）您的皮肤可真好，特别白皙，仿佛吹弹可破。这款护肤品最适合您。

2.（推销金首饰）其实，很多年轻人戴黄金首饰都会显得有些俗气，但是您气质特别好，显贵气。

3.（推销得体的衣服）俗话说，人靠衣裳马靠鞍，您穿上这衣服就像变了个人。

4.（赞美医生）医生，您可真是年轻有为啊，才比我家女儿大几岁，都当大主任了。

5.（赞美律师）您一定是一位特别优秀特别厉害的律师。

6.（表达钦佩）我特别佩服像您这样有决心有毅力的人。

7.（以共同爱好套近乎）你喜欢打羽毛球啊，咱们可真有缘分啊。我和你一样，也喜欢打羽毛球。

8.（表示认同对方的担忧）我也害怕打篮球踢足球，我感觉打篮球和踢足球都太激烈了，很容易受伤。

9.（表明态度）每个人都有自己的优势和特长，也有自己的缺点和不足，既不要狂妄自大，也不要妄自菲薄。

10.（提振他人信心）俗话说，路遥知马力，日久见人心。您就等着看我的实际行动吧！

11.（做出保证让人安心）这件事情真的不像您想象中那么容易，不过我会尽力做好的，您尽管放心吧。

12.（表达信任和托付）把这件事情交给你去办理，我是最放心的，毕竟你的能力大家有目共睹。

13.（夸赞下属）我可真幸运，拥有你这样的得力下属，帮我解决了多少难题啊！

3. 接好话，激发对方的谈兴

【经典案例】

这已经是倩倩本月第三次相亲了。如果不是爸爸妈妈心急如焚，她根本不想考虑个人问题，毕竟她已习惯了一个人自由自在地生活。对于这次相亲的理工男，倩倩并不抱有多大的希望，她对理工男有刻板印象，认为理工男都是木讷寡言，不善交际的。

按照约定时间来到约定地点，倩倩看着面前温文尔雅的男生，不由得感到怀疑，说道："您好，非常抱歉，这是我和朋友提前预订好的位置，您可能坐错地方了。"男生露出温暖的笑容，说道："你是倩倩吧。我是刘刚。"得知对方就是相亲对象，倩倩情不自禁地脱口而出："你看起来不像是理工男。"刘刚又笑起来，说："的确，我有着一颗文艺青年的心。"刘刚话音刚落，倩倩就被逗得哈哈大笑。也许是想借机考察刘刚，倩倩问了刘刚好几个问题，刘刚都耐心温和地解答了。倩倩对刘刚的好感度直线上升。

【场景解析】

要想激发他人的谈兴，我们不能一味地说自己感兴趣的话题，而是要巧妙地说起他人感兴趣的话题，赢得他人的好感。在上述案例中，倩倩其实很抵触和理工男相亲，当看到刘刚外表温文尔雅，不像她心目中的理工男时，她先是怀疑刘刚坐错了位置，在得知刘刚的身份之后，又认为刘刚不像理工男。刘刚足够聪明，也非常敏感，当即就猜想到倩倩应该更喜欢有浪漫气质的青年。基于这一点，刘刚一语双关地接话，说自己有着一颗文艺青年的心。正是这句话，让倩倩对刘刚生出好感，也愿意和刘刚交谈。

在人际相处中，有些情况下，我们只要说好一句话，就能给他人留下好印象，激发起他人的谈兴。首先，要及时回应对方，让对方感受到我们的态度，而不要故意转移话题，对对方的话置若未闻，否则很容易惹恼对方。例如，倩倩提起理工男，刘刚马上说自己有一颗文艺青年的心，使倩倩从抗拒相亲，到对刘刚产生兴趣。其次，要察言观色，观察对方对哪些话题感兴趣，不想说起哪些话题，这样才能找准话题，与对方相谈甚欢。

【金句】

1.（以小青柑切入话题）这是小青柑吧。最近这种小青柑茶特别火，既有茶叶的清香，也有柑橘的独特风味，令人一喝就爱上了。

2.（以美食激发谈兴）您钓上来的鱼可真大啊，只做一个剁椒鱼头都吃不完。

3.（以共同爱好拉近关系）刘总，您一看就是资深钓友。我知道一个野钓的好地方，下周请您钓鱼怎么样？

4.（表达对某人的认可）XX 看起来愚钝，实际上很聪明，他只是不想与人斤斤计较而已。

5.（赞同领导的观点）领导，您说得特别对。这么多年，您阅人无数，一眼就能看出下属是大智慧还是小聪明。

6.（主动关心老公）老公，今天的青菜太辣了。我给你冲酸梅汤吧，酸甜可口能解辣。

7.（表示没关系）老婆，最近天气特别潮湿闷热，我胃口不太好，正想吃辣的呢。

8.（安抚他人）没关系，你只要尽力了就好。

9.（帮助孩子减轻压力）明天就是期末考试了，你要放轻松，只要尽力了就好。

10.（以共同的身份拉近关系）咱们当妈的都发愁孩子放假，你给孩子报兴趣班或者补习班了吗？

11.（意见分歧）对于这个治疗方案，我保留意见。不过，咱们可以先按这个方案进行治疗，后续再根据实际情况灵活调整。

12.（安慰他人）现在通讯这么发达，哪怕远隔重洋也能随时视频，地球早就变成地球村啦，你还要为离别感伤吗？

13.（感恩妈妈）妈妈，你喜欢这份礼物就好，我每天辛苦工作赚钱，不就是为了让你们安享晚年吗？你一定要照顾好身体，健康长寿。

4. 学会话题导航

【经典案例】

最近，公司经营不景气，不得不裁员以缩减开支。考虑到用人的性价比，人事部门负责裁员的专员石慧决定先从中年员工开始做思想工作，毕竟中年员工工作年限长，工资高，又因为上有老下有小，经常因为家里的事情请假，或者拒绝出差。不过，石慧也知道这是一件得罪人的苦差事，那些中年员工生活负担重，特别害怕失去工作，更害怕去陌生的领域从头开始。思来想去，石慧决定先和老王谈谈。

最近半年多，老王请假二十多次，少则一两天，多则七八天，还经常迟到早退。说起来，石慧有充分的理由辞退老王，一旦被辞退，老王拿不到任何补偿，如果接受被裁员，那么老王可以拿到几万元的补偿，至少在找到下一份工作之前能支撑一段时间。老王被石慧约谈，已经预知到自己有被裁员的危险。他警惕地看着石慧，先发制人："小石，你是我看着进公司的，说起来我这个年纪都可以当你叔了。你也知道，我家里负担很重，这份工作对我很重要。"

石慧笑着对老王说："王哥，不，王叔，我知道成年人的生活多么艰难，因为前段时间我爸爸也面临被裁员的困境。当时，他打电话征求我的意见。我建议他与其勉强留下，被边缘化，或者被公司找到借口辞退，还不如选择接受被裁员，这样至少可以拿到一笔补偿，相当于小一年的工资呢。有了这笔钱，找新工作就没有那么急迫了。"听到石慧的话，老王忍不住叹了口气。石慧继续说道："王叔，我不知道您家孩子多大了，我作为孩子是这么建议我爸爸的。他犹豫了一阵子，看到大势不可逆，也就采纳了我的建议。其实，现实的形势也没有咱们想得那么严峻，只要能放下架子，脚踏实地，还是能找到新工作的。才一个多月，我爸就找到了新工作，工资虽然比前一份工作低一点，但是胜在轻松，他还挺喜欢的。"老王好奇地打听石慧的爸爸找了什么新工作，和石慧越聊越投机，很快就接受了石慧的建议，抓住这个机会和公司谈判，争取得到更多补偿。后来，石慧又陆续和很多中年同事沟通，得知资深的老王已经接受被裁员，原本怒气冲冲的他们全都偃旗息鼓了。

【场景解析】

在人际沟通中，我们很少与他人不谋而合，而常常与他人发生分歧。面对分歧，与其以硬碰硬导致不欢而散，不如迂回曲折，采取话题导航的方式，引导对方改变想法，和我们之间从对立到统一。最好的办法是假设自己是对方的同盟军，或者站在对方的角度和立场上思考问题。在上述案例中，石慧作为专门进行裁员谈判的专员，开始谈话时并没有与员工对立，而是先说自己的爸爸也面临过裁员，且采纳了她的建议，拿到了理想的赔偿金。由此一来，无形中消除了隔阂和敌意，深深地打动了对方。

石慧以爸爸的事情现身说法，也把自己从裁员专员的角色转化为孩子的角色，这种谈话的思路和方式对那些中年员工效果显著。记住，不要一张口就与对方针锋相对，使情势剑拔弩张。只有把自己变成他人的盟友，他人才会愿意放下成见，消除隔阂，与我们坦诚相见。

【金句】

1.（牙医安抚病人）你应该庆幸你不是牙医，没有机会亲眼看到如何拔牙，这样就不会那么恐惧了。

2.（表示原谅）对不起，我很抱歉，我也不想指责你。其实，我知道你已经尽力了。

3.（表示认可）我觉得你已经做得很好了。你第一时间关掉了机器，否则我很可能受到更严重的伤害。

4.（表示宽容）相信有了这次的经验和教训，未来你会做得更好，我可不能把与我配合越来越默契的好搭档让给别人啊。

5.（表达心愿）作为媒体人，我想我注定要在舆论的风口浪尖上，只是你就不要再骂我啦。

6.（表达祝愿）作为老师，我当然希望我的每个学生都出类拔萃，考上理想的学校。

7.（表达想法）既然我已经变成大龄剩女了，当然要继续挑三拣四，反正再晚一些也无妨。

8.（表达想法）你们总是说我好高骛远，不切实际，我只是不甘心就这样与大学失之交臂。

9.（表达关心）最近甲流肆虐，我提醒各位一定要戴好口罩，千万不要中招啊。

10.（表明态度）关于即将到来的高考，你有什么计划和打算吗？放心，不管你如何决定，我和爸爸都坚定不移地支持你。

11.（表达观点）未来，我可不想和儿子儿媳妇一起生活，年轻人需要独立的空间，老年人也需要独立的空间。

12.（表达判断）这件事情纯属巧合，就像古人守株待兔一样，基本上不会再有收获。

13.（营造共情的氛围）没有人愿意发生这样的事情，奶奶只是因为一时疏忽，幸好已经找到了小豆豆。

14.（引导他人换位思考）人总是会陷入主观主义的误区，你应该跳出自我中心，尝试着站在他人的立场上看待问题，思考解决方案。

5. 洞察气氛，巧妙迎合

【经典案例】

年末，公司召开年会，既对过去一年的工作进行总结，展望未来，也对过去一年里表现特别优秀的员工进行表彰。老马和老吕都被评选为优秀员工，他们一起站在舞台中央，等着领导颁奖。公司的郑副总捧着奖杯走上台，分别把奖杯颁发给老马和老吕。老马当即表示感谢，对郑副总说："感谢领导给我颁奖。在新的一年里，祝您能从副总变成郑总，我也会继续努力，争取在来年继续被评选为优秀员工，得到您的颁奖。"老马话音刚落，郑副总的脸色就变了。

老吕觉察到气氛异常，赶紧说道："俗话说，县官不如现管。我们公司正是在郑副总的带领下，才能蓬勃发展。我们在座的每个人都要感谢郑副总，郑副总每天都要为公司的大事小情操心。我觉得，公司哪怕没有正总，也不能没有副总。"老吕话音刚落，郑副总简直哭笑不得。这时，主持人赶紧打圆场，说道："不管是正总还是副总，不管是优秀员工还是普通员工，每个人都是公司不可或缺的一分子，都是公司至关重要的螺丝钉。旧的一年过去了，新的一年到来了，我们要继续努力拼搏，为公司添砖加瓦。"所有人都爆发出热烈的掌声，瞬间消融了尴尬。

【场景解析】

《论语》记载："言未及之而言谓之躁，言及之而不言谓之隐，未见颜色而言谓之瞽。"这句话告诉我们，说话一定要察言观色，把握正确的时机，也要把握恰好的分寸。如果在不该说话时说话，则说明说话者过于急躁；如果在应该说话时沉默，则说明说话者隐瞒；如果说话时丝毫没有看到听者的神色变化，就贸然开口说话，那就是闭着眼睛说瞎话。在人际交往中，那些不擅长洞察气氛，也不擅长察言观色，更没有学会说话策略和技巧的人，很容易犯这三种错误。

说话，从来不是单方面无所顾忌地输出信息，而是要与他人进行交流，受到各种因素的限制和约束。只有关注听话者、沟通的环境和时机，也观察听话者的情绪变化，才能把话说得恰到好处，让听话者高兴。上述案例中，老马说的话强调了郑副总只是副总，让郑副总很没面子，而老吕看似是在为郑副总解围，却无意间得罪了正总。与其在没有洞察现场的气氛之前就盲目插话，不如耐心地倾听和观察，这样才能把话说得恰到好处。幸好还有善于察言观色、活跃气氛的主持人，当即转移话题，让现场爆发出热烈的掌声，从而缓解了尴尬的气氛。

从某种意义上来说，人与人沟通和交流很像是不同的演员同台演出，要想获得演出成功，所有参与演出的人都要默契配合，营造良好的氛围。从心理学的角度来说，谈话是一场心理战，唯有知己知彼，迎合对方，才能百战不殆，顺利沟通。

【金句】

1.（接受批评）老婆，你批评得对，这次买房失误都怪我。等到下次买房时，所有事情都由你全权做主。

2.（树立共同目标）为了尽快实现心愿，咱们的当务之急不是吵架，而是赚钱，对不对？

3.（认可他人的做法）当初，你坚持远嫁，的确找到了完美的爱人。

4.（主动提出分担）等到小胡回来的时候，工作肯定会堆积如山，我还是帮她分担一些吧。

5.（诉说苦衷）小张，你知道我们的工作是环环相扣的，一旦有某个环节没有做好，下面就无法继续开展。

6.（表示让步）小飞这孩子真可怜啊，我不忍心不管他，就让他来咱们家住吧。

7.（模糊立场和稀泥）妈妈，关于你和爸爸吵架的事情，我真的没办法当裁判。俗话说，清官难断家务事。

8.（表明态度）对于这件事情，我们已经沟通过很多次了，我不希望再有任何变故。

9.（号召大家努力）总之，我们要全力以赴做好这件事情，否则既辜负了大家长久以来的努力，也无法向客户交代。

10.（表示洒脱）是非功过都留给他人评说吧，我们要做的就是无愧于心，尽心尽力。

11.（表示认可）作为父母，你们能拿出大半生的积蓄为孩子买房，这是非常了不起的。

12.（鼓励孩子）这次考试你取得了很好的成绩，这都是因为你平日里刻苦学习，坚持做习题。给你点赞，要继续努力哦！

6. 不要急于接话

【经典案例】

有一天，著名主持人林克莱特采访了一位小朋友。他当众问小朋友："孩子，你的理想是什么？"小朋友挺起小胸脯，响亮地回答道："我想当飞行员，我要开飞机！"林克莱特继续问道："你可真了不起啊，居然要当飞行员。你有没有想过，开飞机有可能遇到一些危险的情况。例如，当你驾驶飞机飞到太平洋上空时，飞机突发故障，引擎熄火，在这种情况下，你要如何处理呢？"小朋友显然没想到林克莱特会问这个问题，他陷入了沉思，片刻之后才郑重其事地回答："我要让所有乘客都系好安全带。"林克莱特又问："就算系好安全带，飞机的故障也没有消除，接下来要怎么办呢？"小朋友大声回答："我会跳伞。"

小朋友话音刚落，观众就哄然大笑，林克莱特也忍俊不禁。不过，他还是按照计划继续问小朋友："你跳伞了，乘客们怎么办呢？"其实，他的心里正在质疑小朋友很自私。他惊讶地看到小朋友哭了起来，满脸悲伤。小朋友以沉痛的声音说："跳伞之后，我就能找到燃料，回来救他们。"听到孩子真实的想法，在场的人都深受感动。

【场景解析】

在人际沟通中，经常会发生这样的情况，即当他人还没有说完话，更没有表述完整时，听众就迫不及待地打断他人说话，对他人妄加评论。这么做会误解对方的真实意思，还有可能造成人际相处的隔阂与裂痕。作为听众，我们要改变无端猜测或者武断预测的坏习惯，耐心地听对方把话说完。这是最基本的礼貌。

在一些特别的情况下，说话的人因为情绪激动，很可能思维混乱。对方越是语无伦次，我们越是要表现得特别耐心。哪怕我们不想听对方说话，也要耐住性子，一如既往地尊重对方。做任何事情都要有始有终，沟通更是如此。我们还要改掉自以为是的坏习惯，不要在听话听到一半时，就妄下定论。记住，没有谁是谁肚子里的蛔虫，我们哪怕冰雪聪明，也无法从他人的只言片语里就完全猜透他人的心思。退一步而言，我们即使真的能揣测他人心思，也要保持安静，用心倾听。有的时候，他人之所以倾诉，并非为了得到有效的建议，而是为了发泄内心的情绪。换而言之，人们需要成为主角，得到他人的倾听。只有当他人真正完整表达，我们才能明白他人的用心和需求，给予他们最好的回应。

【金句】

1.（表示洗耳恭听）你具体说说我是如何推卸责任的吧，你知道的，当局者迷，旁观者清。你与其抱怨和指责我，还不如告诉我哪里做错了，我是很愿意改正的。

2.（尊重他人）我很清楚小张是什么样的人，他从不偷懒……哦，抱歉，我打断您说话了。请您继续说吧，我保证认真听。

3.（表达不满）真不知道你是去上学的，还是去玩的，每天一放学就要说有趣的事情，你怎么不说说你学习的情况啊。

4.（表达善意）抱歉，我不该这么着急。这样吧，等你说完，我再问你一些问题，好吗？

5.（询问意见）思来想去，我认为你是最佳人选……你愿意接受这项任务吗？

6.（幽默诙谐）领导，你每次让我干活，都说我是最佳人选。我希望你到了颁发荣誉或者是发奖金时，也能多多想起我。

7.（以调侃的语气询问关心的事情）……请您接着说，您是不是要说到奖金的事情了？

8.（表示歉意）对不起，我太急躁了，我会管好嘴巴，不再打断您说话的。

9.（安排工作）针对这种情况，我认为你们部门需要商讨出解决的方案，以争取彻底解决问题。你们有什么好想法吗？

10.（安抚他人）与其一味地抱怨指责，不如静下心来想办法。

11.（表示不满）你总是把责任推卸到别人身上，这样的你如何担当大任啊！

12.（表示疑惑）我很纳闷，你为何会决定这么做，这根本不符合你一贯的行事风格啊！

13.（表示好奇）就这样吧，我不想再听你解释了。等等，你还是说说事情的经过吧，我也许能找到应对的办法。

14.（表达失望）我对你特别失望，我给你讲了那么多道理，你怎么都抛之脑后了呢！

7. 不要否定对方

【经典案例】

爱德华·贝德福特是洛克菲勒的生意伙伴。有一次，贝德福特决策失误，导致公司损失惨重。他特别沮丧，不知道该如何面对洛克菲勒。他原本以为洛克菲勒一定会狠狠地批评他，却没想到洛克菲勒非但没有责怪他，反而想方设法地安慰他。

看着蔫头耷脑的贝德福特，洛克菲勒假装开心地说道："一直以来，你负责这些事情劳苦功高，要是没有你冲锋在前，我真的不知道该怎么办，我一定会忙得焦头烂额。这次失败，也幸亏有你才及时止损。你第一时间叫停项目，不但帮助我们减少了60%的损失，而且也让我警醒。一直以来，我们太过顺利了，从未失败过。这次失败，对于我们而言是特别宝贵的经验，不仅能够帮助我们进行反省，也能够帮助我们改正错误，为将来获得更大的成功做好准备。记住，没有人能永远成功，重要的是从失败中崛起。"洛克菲勒的话让忐忑不安的贝德福特吃了定心丸。他不再沮丧，决定吸取教训，重整旗鼓。

【场景解析】

在回应他人时，我们要始终牢记一个原则，那就是切勿轻易否定对方。如果对方已经付出了极大的努力，那么我们的否定会让对方心灰意冷，失去继续努力和奋斗的动力。即使对方真的做错了，出现了严重的纰漏，我们不得不为对方指出错误，也要先认可对方的努力，承认对方此前的功绩，继而再以合适的方式提醒对方哪里可以改进，对对方提出殷切的期望，也表达对对方的信任。这就是三明治批评法。第一步的认可和第三步的期望，恰恰能把第二步的批评包裹起来，让对方更容易接受。

在贝德福特因为决策失误给公司造成严重损失时，洛克菲勒非但没有批评和否定贝德福特，反而赞美和鼓励他。对于贝德福特而言，洛克菲勒温暖的话语如同雪中送炭，让他感到内心充满了力量。事实证明，洛克菲勒的宽容、理解和体贴，使他与贝德福特的合作关系更加稳固。后来，贝德福特为公司创造了巨大利润，为公司的发展贡献了力量。

每个人都会感到脆弱，大多数人在意识到自己犯错时第一时间就会进行自我反思和自我批评。因而，不要随随便便地否定和批评他人，而要看到他人的闪光点，认可他人存在的价值和意义，这样才能建立和维持良好的人际关系。

【金句】

1.（认可衣服款式）你穿这件连衣裙真好看，你身材好，这件连衣裙正好是收腰的，把你的腰身衬托得窈窕多姿。

2.（认可衣服颜色）这件衣服的颜色很好看，淡蓝色，正适合夏天穿，看上去就很清爽清凉呢。

3.（认可发型）谁这么没眼光，居然把这么好看的卷发说成是老大妈的发型啊。我告诉你，今年特别流行这种发型。

4.（认可肤色）告诉你，真正洋气的人都去晒小麦色了，显得特别健

21

康阳光。

5.（认可服饰）你只要自信，相信自己是最美的，不管穿什么都无敌，更何况这件橙色的大衣真的很摩登呢。

6.（认可凉茶）天气越热，越想吃凉的东西。要不，我给你做凉茶吧，比冰激凌健康，还能去暑气呢。

7.（认可医术）医院是治病救人的地方，医生是最值得我们尊重和感谢的职业。您医术高明，妙手回春，简直是华佗转世。

8.（表示想喝奶茶）没有人能拒绝一杯奶茶吧，更何况这还是秋天的第一杯奶茶呢。

9.（表示喜欢吃饺子）我特别喜欢吃饺子，也很愿意学习包饺子。阿姨，请您教教我吧。

10.（认可品质）虽然钱很重要，但是我们不能为了五斗米折腰。我最佩服您这样高风亮节的人。

11.（认可思虑周全）这件事情事关重大，绝不可轻举妄动。你考虑得很周到，值得表扬。

12.（认可他人表现）你最近的表现特别好，大家对你的评价都很高，一定要继续保持啊！

13.（表扬他人）这件事情事关重大，绝不可轻举妄动。你考虑得很周到，我们来商量商量接下来怎么做吧。

14.（鼓励他人）你最近的表现特别好，大家对你的评价都很高，一定要继续保持啊，我一直都很看好你呢！

8. 适时转移话题，自在畅聊

【经典案例】

露西性格内向，只有两个关系特别好的朋友，与其他人都形同陌路。转眼之间，露西大学毕业，面临找工作的困境。她特别害怕参加面试，因为不知道如何与面试官沟通。看到露西每天都把自己关在家里，只是偶尔和那两个好朋友见面，妈妈心急如焚。她不止一次地对露西说："露西，找工作就是推销自己，你必须把自己推销出去。"露西当然知道人际沟通的重要性，却不知道该如何改变。

这天中午，露西正在院子里晒太阳，邻居约翰来敲门，说道："抱歉，我家狗狗把玩具球扔到你家灌木丛里了，我能进来找找吗？"露西微微一笑，打开院子的门。约翰一边找玩具球，一边喋喋不休地向露西抱怨："很抱歉，我家的狗真的太调皮了，我恨不得狠狠地揍它一顿。它还是个人来疯，只要我家来客人，它就会热情地扑到客人身上，压根不管客人是喜欢它还是讨厌它……"约翰说个不停，突然看到露西只是微笑，并没有说话。约翰暗暗想道：也许露西不喜欢这个话题。他当即又问："你在院子里晒太阳，一定很惬意吧。你想不想趁着周末休息去爬山啊？"露西摇摇头。约翰产生了挫败感：为何露西对爬山的话题也不感兴趣呢。

他突然说道："哦，对了，今天发生了一起重大交通事故，就在纳西里街。"他话音刚落，露西就紧张地问道："啊，纳西里街啊，我最好的朋友就住在那附近。"接着，露西又问了约翰很多情况，还去屋子里给好朋友打了个电话，确定好朋友平平安安。这时，约翰还在院子里磨磨蹭蹭地找玩具球呢。露西和约翰熟悉起来，他们聊了很长时间。

【场景解析】

毫无疑问，约翰是我们平日里常说的社牛，而露西则是社恐，她害怕与人打交道，也不知道如何与人沟通。幸好约翰很有耐心，且越挫越勇，善于转移话题。当发现露西对他正在说的话题不感兴趣时，他马上就会换一个话题，直到露西表现得感兴趣为止。其实，人际沟通最重要的就是找到对方感兴趣的话题，这样才能激发对方的谈兴，让谈话顺利进行下去。当发现对方对当下的话题不感兴趣时，与其独自尬聊，还不如马上转换话题。

在社会生活中，适合沟通的话题很多。例如，英国人见面总喜欢说说天气，而中国人见面喜欢问"吃了吗""去哪儿"。这些都是常见的搭讪话题。对于一些特殊的人群，还有特殊话题可以搭讪。例如，妈妈们最喜欢谈论孩子，男人最喜欢谈论车子，老人最喜欢谈论养生，孩子则喜欢谈论好玩的游戏等。要想转移话题，激发对方的谈兴，还要根据对方的年龄、身份、工作和兴趣爱好等进行选择。

在正式的谈判中，当沟通陷入僵局，双方各不相让时，转移话题还能打破僵局，暂时搁置出现分歧的问题，以轻松的话题缓和气氛，等到坚冰消融，再继续深入沟通，这样就能实现让谈话"山重水复疑无路，柳暗花明又一村"的目的。

【金句】

1.（以询问激发谈兴）事实证明，你说得一点儿也没错。具体说说你准备怎么做吧。

2.（认可自己是好销售）我正是因为没有当好律师，才改行做销售工作。你应该感到庆幸遇到我这样懂得法律的置业顾问，可以放一百个心。

3.（以巧克力吸引注意力）你看，那里有一个巧克力店铺，里面一定有很多你超级爱吃的巧克力。我们快去看看吧。

4.（以冰激凌分散注意力）对了，你想吃什么口味的冰激凌，是牛奶味，还是榛仁味？我可以买一盒给你。

5.（提出自己的底线）对于你提出的条件，我是不能接受的。如果您愿意做出让步，那么咱们还有得谈。

6.（认可大家的诚意）张总，您看，其实我们此时此刻都坐在这里，就说明大家都是有诚意的。

7.（认可此前的努力）我们前面已经做了那么多努力，在很多重要条款上都达成一致，这是多么难得啊。

8.（以咖啡转移话题）我们不如专注地做好当下的事情，一起品尝这香醇的咖啡吧。你那杯卡布奇诺味道如何？

9.（帮助您排忧解难）您还在为每个月网络流量超标而烦恼呢？只需要多花几十块钱，您就可以把限流套餐改成畅享套餐呢，特别划算。

10.（认可你有好妈妈）你的运气可真好，有一个特别爱你且慷慨大方的妈妈。我只能精打细算，节约每一分钱。

11.（认可菜品）谁说这道菜不好吃的？那是他不懂得欣赏。

9. 接得好，不如接得巧

【经典案例】

过年了，小北带着新婚丈夫回家。左邻右舍听到新姑爷上门，全都过来想逗逗新姑爷。有个平日里走动不多的表叔正好也在，对小北说："小北啊，这可是大年初二，你得给表叔磕头。"小北纳闷地问："为什么？往年都没磕头啊。"表叔煞有介事地说："往年没磕头，是因为你还小，没结婚的都是小孩子，所以我不跟你挑礼。现在，你已经结婚成大人了，再不知道礼数可不行。"

小北看到妈妈斜着眼睛看表叔，明显是对表叔多事不满意，因而拒绝道："我没听说过这样的规矩。"表叔被小北当面顶撞，面子上有些挂不住，啧啧说道："哎呀，这个丫头片子……"不等表叔把难听的话说出来，新姑爷就抢先说道："都是自家老爷们，磕个头有什么难的。表叔，您可把红包准备好啊！"说完，不等表叔拒绝，他就跪在地上磕了一个响头。这个时候，表叔满面笑容，在邻居们的起哄声中包了个大红包给新姑爷。

【场景解析】

即使作为长辈，想要逗晚辈开心，也要把握分寸，而不能像来往不多的表叔那样逼着新婚的小北给他磕头。被小北拒绝，表叔面子上挂不住，这个时候新姑爷给小北和表叔解围，干脆利索地答应给"自家老爷们"表叔磕头，让表叔开开心心地包了个大红包。在很多尴尬的场合，只要巧妙地接话，就能缓解气氛。所谓说得好不如说得巧，正是如此。

要想巧妙地接话，就要尽量设身处地为他人着想，理解对方的需求。具体来说，首先要了解对方的想法和真实的需求，其次要调动谈话的氛围，最后要把话说到对方的心坎里，让对方开开心心。

【金句】

1.（提醒不该犯的错误）小朱，你最近工作表现可不太好啊，怎么能犯这么低级的错误呢。

2.（主动承担责任）领导，这件事情完全是我的责任，我会负责的。

3.（承认自己的疏忽）这段时间，我忙着考职称，的确疏忽了对你的照顾。

4.（拒绝继续付出）每次回老家过年都是我负责做饭，我不想回去了，我不想当你们全家人的免费保姆了。

5.（表明自己的心意）作为销售人员，我当然想把最好的产品卖给您。

6.（阐述超短发型的好处）现在天气热了，我帮您把头发理得短一些，这样不但显得精神，而且特别凉快。等到秋天了，我再给您留长一点儿的。

7.（换个角度看待问题）真是倒霉，我怎么经常周末值班啊。不过也有好处，周末客户少，清闲。

8.（说出预先安排后拒绝）我周末要去参加朋友的结婚典礼，不能和你调换值班了。

9.（对比说法）今天的红烧肉可真甜啊，简直比放了蜜糖还甜，我特别爱吃。

10.（自我调侃）我今天做的发型好看吧，这可是最时尚的鸡窝头呢。

11.（顺水推舟说好处）今天的菜有点儿淡了吧，我放盐少了。不过，吃盐多容易得高血压，我们正好借机健康饮食。

12.（帮助他人消除尴尬）今天的菜一点儿都不淡，配我刚买的辣椒酱吃正合适，要是放盐多了，我的辣椒酱就没有用武之地了。

13.（真心诚意地夸赞）你看看，你打着灯笼也找不到我这样的好媳妇，既能理家，又能赚钱，最重要的还旺夫呢。

14.（先认可再提出期望）关于这次的考试成绩，爸爸妈妈都能接受，你可以完全放心。我们希望你能查漏补缺，争取在下次考试中有所进步，好吗？

15.（正确看待学历）谁说只有高才生才能找到好工作的，学历只是敲门砖，只要踏实肯干，就算是毕业于普通大学，也能找到好工作。

10. 无言以对，不如坦诚相见

【经典案例】

最近，所有同事都在大力推荐一款挂式空调，因为公司制定了激励制度，要把这款空调打造成爆款，所以凡销售这款空调，除了正常提成之外，每台还额外奖励两百元呢。奖金比提成还高，这让大家的推销热情空前高涨。

这天，有个中年男性顾客走进店里。小张问道："先生，您想买空调吗？"顾客点点头。小张不假思索地推荐道："这款是我们当下的爆款，销量特别大，口碑特别好，您看看。"顾客向小张要了说明书，认真仔细地看了起来。过了一会儿，他才问小张："这款空调的耗电量比较大，不是一级能耗。"

小张愣住了。此前，小张没有关注这个问题，听到客户的质疑，他才认真看了看说明书。果然，这款空调的能耗是三级。他暗暗想道：如今国家提倡节能，看来这款空调是高能耗的库存货，包装成新品热推去库存的。他知道这个顾客很懂，因而没有继续推销爆款，而是坦诚地说："先生，看出来您很重视能耗这个指标，那么不如看看另一款节能王，虽然价格贵几百，但是电费省得不是一点点。"顾客笑着去看小张推荐的节能王。小张说道："其实，您没说之前我还没关注到能耗问题呢，您看说明书可真仔细。我要是您，也愿意买这款节能王，毕竟空调冷热都要用，耗电量还是相差挺大的。"看到小张这么坦诚，顾客很快就决定购买节能王。

【场景解析】

作为销售员，当然想获得每台空调 200 元的奖金，但是小张心思灵活，随机应变，在客户发现爆款空调费电之后，并没有为了奖金而无视客户的需求继续推荐爆款，否则很有可能使客户转身离开。他马上推荐节能王给客户。这正是小张销售的高明之处，即重视且满足客户的需求，而非只为了获得奖金。

在人际沟通中，有些人总是以自我为中心，不管别人说什么，或者表示反对，他们只会固执地坚持自己的想法，拒绝改变。少数人还会出于一些原因，故意把黑的说成白的，把坏的说成好的。这种侮辱他人智商的行为一旦被识破，就很难再扭转局面。哪怕为了获得巨大的利益，我们也要坚持坦诚的原则，把事实真相摆在他人面前，让他人周全考虑做出选择。这样的沟通以真诚为基础，能够赢得他人的尊重和信任。

【金句】

1.（表达自己的想法）我觉得这款电饭煲太贵了，超出了我的购买能力。

2.（提出对电火锅的要求）毕竟电火锅不是什么高科技产品，只要安全有保障，方便使用就行。

3.（对比说法打动人心）您可以选择我刚才说的那款刮胡刀，正在搞活动，性价比特别高，平时的价格比活动价贵好几百呢。

4.（说明自己的经济实力）虽然这款大衣很好看，但是超出了我的购买力。我可不想用一个月的薪水买下这件大衣啊！

5.（提出中肯建议）我建议您可以选那款电车，每个月都可以节约很多油钱呢。

6.（再给你一次机会）我对你寄予厚望，你怎么把工作做成这样呢？你简直太让我失望了，你告诉我准备如何补救？

7.（保证不再犯相同的错误）在您的提醒下，我已经认识到错误了，下次不会再犯同样的错误。

8.（成功劝退）这个苹果很酸，最适合怀孕初期害喜的孕妇吃。如果您不爱吃酸，就不要买这个苹果。

9.（中肯建议）我家的柑橘属于酸甜口偏酸的。有些人专程来我家购买柑橘呢。您要是喜欢吃甜口的，可以看看冰糖心苹果。

10.（表明真心）我们千里迢迢来和您见面，是真心想与您合作的。

11.（明确底线）王总，薄利多销已经是我所能做的最大让步了。

11. 实话未必好听，巧说才是智慧

【经典案例】

从师范学校毕业后，宋茜进入一所农村小学当老师。她担任四二班的班主任，班级里有63名孩子。对于刚刚毕业的宋茜来说，想要教好管好这么多孩子可不是一件容易的事情，偏偏班里还有三个孩子每次考试成绩都是个位数。

全镇统考的成绩和排名出来了。从中心校开会回来，校长特意和宋茜谈话，问道："宋老师，这次全镇统考，你们班排名倒数第一，你有什么想法吗？"宋茜暗暗想道：我们班有63人，是全校人数最多、基础最差的班级，最重要的是那三个考试成绩个位数的同学足足把班级的平均分拉低了三分多。我能有什么好说的！

宋茜不动声色，诚恳地反思道："校长，非常抱歉考了全镇倒数第一。您也知道，我才刚刚毕业，教学经验不足，是您信任我，才放心把这个班级交给我。如果您继续信任我，那么我继续全力以赴，争取把这个班级教好。如果您觉得我能力不足，那么请您帮我换个班级吧。"校长听到宋茜要撂挑子很害怕，毕竟那些老教师都不愿意接手这个班级。因此，他赶紧安抚宋茜："其实，这也不光是你的原因，主要是这个班级人数多，基础差。你放心去干吧，有什么困难和我说，我相信你的能力。"

就这样，宋茜为自己和孩子们争取到更多时间，在师生的共同努力下，孩子们每次考试都有进步，一个多学期过去，就连三个成绩个位数的孩子都能考到及格了。在第三次全镇统考中，宋茜带着全班孩子考出了全镇第九名的好成绩，前进了 17 名呢。

【场景解析】

校长当然知道实报 63 个孩子的后果，那就是三个成绩个位数的孩子会把班级的平均分拉低三分多，但是他作为校长不能主动提出让宋茜瞒报三个孩子。偏偏宋茜初生牛犊，压根不知道这里面的利害关系，就算面对残酷的现实——在全镇平行班中位列倒数第一，也不愿意瞒报孩子。她以手指比喻考试成绩不好的孩子，告诉校长她不想抛弃每一个孩子，又维护了校长的面子。在她的不懈努力下，最终班级考取了好成绩，前进了 17 名，可谓皆大欢喜。

面对领导的"好心提醒"，作为下属不能摆出一副大义凛然的样子拒绝领导，否则领导会感到难堪。宋茜巧用比喻，面面兼顾，与此同时持续发力，带着孩子们一路高歌猛进，可谓高明。在人际沟通中，当出现意见分歧时，为了维护良好的人际关系，要学会由此及彼，或者巧用比喻。最重要的是揣摩对方的心思，洞察对方的心理，这样才能委婉表达，且让沟通准确到位。

【金句】

1.（引导对方换位思考）妈，您可是囡囡的亲奶奶，就不想让囡囡有个好前程吗？您最知道当家庭主妇没有地位，没有经济收入的苦了。我必须供囡囡读大学。

2.（发起号召）面对这场攻坚战，我们要破釜沉舟。大家齐心协力，共渡难关吧。

3.（提出中肯的建议）老板，我们怕您不能承受破产的风险啊。我觉得我们还是稳妥起见，不要那么冒进。罗马不是一天建成的，咱们稳扎稳打多好。

4.（表明经济紧张）小李老师，这个计算机房真的要安装隔热窗帘吗？那可很贵呢。

5.（说明严重后果）校长，电脑运行时散热特别重要，要是不能及时散热，烧坏主机，那损失可严重呢。

6.（诉说难处）大家都体谅体谅公司，最近真的特别拮据。老板不是不想给你们发工资，而是真的没有钱给你们发工资啊！

7.（诉说眼前的困难）领导，咱们这群人快把西北风都喝完了。您是不知道，我现在中午吃饭都点阳春面。要是还不发工资，我就只能在办公室泡方便面了。

8.（说明自己的决定）只要我犯错误，你们就不分青红皂白地批评我，根本不关心我的真实想法。我这次就要任性，就要选择我喜欢的专业。

9.（引导妈妈换位思考）妈妈，我知道您不想让我远嫁，是害怕我被欺负，受委屈。您想过没有，您现在阻止我为爱远嫁，我会更伤心，更难受。

10.（表明自己很孤独）没有人能理解我此时此刻的想法，我只想独自待着。人类的悲喜并不相通，大概就是这个意思吧。

11.（表明态度和立场）这件事情简直太荒唐了，我不相信你会这么做。但是，事实打我的脸，让我无法为你辩解，你还是自己承担后果，收拾残局吧。

第二章
把握分寸缓作答，
接准话题有的放矢

接话，把握分寸很重要。有些人特别性急，没等他人把话说完，更没有琢磨他人真实的意思，就迫不及待地回答。殊不知，言多必失，祸从口出。要想把话接好，一定要周全思考，用心琢磨，还要组织好语言，打动他人的心，拉近与他人的距离。

1. 事不可做尽，话不可说绝

【经典案例】

前段时间，杨勇拿到了一笔五千元的奖金。他特别开心，想到自己从未去商场里买过衣服，又想到自己只要继续努力就有可能升职，他决定去商场买一套品牌西服，给自己撑一撑门面。在导购员的推荐下，杨勇咬咬牙买了一套羊毛西装，价值三千多元。这可是他买过的最贵的衣服。回到家里，他把衣服挂好，从来舍不得穿。一个月后，领导邀请部门里的所有人吃饭，杨勇这才舍得穿上新买的西服。糟糕的是，有个同事喝得醉醺醺的，一不小心吐到了杨勇的身上。杨勇记得导购员说羊毛西服不能用洗衣机洗，因而他小心翼翼地手洗，又抹平晾干。让他震惊的是，西服自从洗完之后就变得皱皱巴巴，还缩水了。哪怕他特意买了挂烫熨斗处理，都没有把西服恢复原样。一想到三千多元买的西服只穿了一次就不能穿了，他当即决定去商场售后。

看到西装皱巴巴的样子，导购员确定杨勇肯定水洗了。她已经当导购员好几年了，深知哪怕确定顾客的失误或者错误，也不能直接说出来。因而，导购员委婉地对杨勇说："先生，虽然您再三说没有洗过，但是按照我的经验来看，这套衣服肯定下水了。羊毛西服不能机洗，只能干洗。要不，您问问家里人，看看是否有人不小心把衣服放到洗衣机里了。我之前有个顾客也是这样，他自己没有洗过，但是家里人不知情，所以就水洗了。"此时，杨勇已经知道自己听话只听了一半，即只知道不能机洗，却不知道必须干洗。看到导购员给了台阶，他当即装模作样地说："稍等，我打电话问问我妈，她正好前段时间过来看我。"假装打完一通电话，杨勇夸张地说："抱歉，我刚刚问过我妈，的确是她手洗了。但是，你也知道这套西装三千多元，价值昂贵，我还没穿就变成这样了。你们有办法复原吗？"导购员说："这件事情也怪我，没有特别叮嘱您不能水洗。我们的确是有修复服务的，我向店长给您申请五折费用，可以吧？"杨勇接受了导购员的建议。

【场景解析】

从未穿过高档西服的杨勇，只知道不可机洗，不知道也不可手洗。幸好导购员情商很高，并没有指责杨勇，而是顺势而为，给了杨勇台阶，让这件事情有了转圜的余地。因为杨勇和导购员说话时都有余地，所以这件事情才能圆满解决。

很多性格强硬的人都吃软不吃硬。在人际沟通中，哪怕对真相心知肚明，我们也不能当场揭穿他人，让他人下不来台。只有顾全他人的颜面，不要把话说绝，也不要把事做绝，解决问题才会顺利。记住，哪怕是与他人绝交，也不要把话说绝，说不定有朝一日又会见面呢。只有那些心胸开阔、品德高尚的人，才能情绪平和，理智冷静，不说狠话。

【金句】

1.（给对方留退路）我的项链丢了，你看到了吗？如果你看到了，一定要告诉我哦！

2.（以报警表明清白）我是保姆，不是小偷。如果您怀疑我偷了您家的钱，您完全可以报警，让警察来审讯我。

3.（恩断义绝）有些人走着走着就走散了，从此之后，就让我们相忘于江湖吧。

4.（期待再相逢）山不转水转，咱们总有再相逢的那一天。

5.（表明共同的目标）虽然这件事情的确令人很窝火，不愉快，但是我希望我们都能退让一步，不要让事态发展越来越严重。

6.（用利益打动他人）世界上没有永远的敌人，只有永远的利益。有朝一日，我们拥有共同的利益，又会成为战友的。

7.（表明不想再见）真倒霉，我居然遇到你这样的上司，幸好我辞职了。更倒霉的是，你也辞职了，还和我进入了同一家公司。咱们的缘分可真深厚啊！

8.（宽容地对待他人）人生中，没有任何经历是无用的，总会为我们增长见识，开阔眼界。我感谢在生命旅程中遇到的每一个人，也包括你。

9.（表明抗痘决心）我的脸上长出了很多青春痘，从今天开始，我再也不吃火锅了。

10.（表明不愿意放弃美味）你这次吃冰激凌肚子疼只是一个意外，我可不愿意为了一个意外而放弃吃冰激凌啊。

11.（表明友谊长存）过去的皇帝自称为"孤"，你可不要变成皇帝啊！身边有朋友相伴，才是最幸福的！

2. 洞察人心，才能一语中的

【经典案例】

丽丽人如其名，身材高挑，肤白貌美，从上初中起就被很多男生追，人称"万人迷"。大学毕业后，丽丽一进银行工作就成功吸引了所有单身男性的注意，还得到了一个大客户的青睐。说起这个大客户，可是不折不扣的钻石王老五，而立之年，是家族企业唯一的继承人，从海外留学归来就开始做接管家族企业的准备。但是，丽丽并不喜欢这个客户，她只是想搞定客户，赚到更多钱而已。

她很清楚，一旦义正词严地拒绝这个优质客户，那就连朋友都做不成了，客户更不可能继续从她这里购买理财产品。眼看着客户追求的攻势越来越猛烈，这可怎么办呢？周末，丽丽去看望奶奶，无意间和奶奶说起这件事情。历经世事的奶奶云淡风轻地说："你只要对一个人无所求，就不会被这个人影响和左右。"奶奶的话让丽丽恍然大悟，她当即和客户摊牌，说道："很抱歉，我知道无数女孩都渴望得到你的喜爱，只可惜咱们只有当朋友的缘分。如果你愿意，我会继续为你提供优质服务。如果你不想再看到我，那么我会把你转给其他同事，让他们帮你选购理财产品。"也许是因为丽丽的坦诚，客户没有迁怒于丽丽，依然是丽丽的优质客户。后来，丽丽和客户成了跨越阶层的好朋友。

【场景解析】

历经世事的奶奶当然知道，丽丽不想失去优质客户，所以才不敢拒绝对方。奶奶的一句"你只要对一个人无所求，就不会被这个人影响和左右"——让丽丽心中豁然开朗。她不再奢求鱼与熊掌兼得，决定向优质客户摊牌。有的时候，我们身在局中，思维混乱，更是拿不定主意。我们需要向那些心明眼亮的人请教，才能拨开迷雾见天日。

当有当局者迷的人向我们请教时，我们如何能说出让对方茅塞顿开的话呢？首先，要洞察人心。人性总是贪婪的，早在两千多年前，孟子就说"鱼，我所欲也；熊掌，亦我所欲也"。然而，孟子深知，鱼与熊掌不可兼得也。只有战胜人性的贪婪，我们才能做出明智的抉择。此外，还要与说服对象站在一条战线上，没有人愿意被说教，也许把我们的苦口婆心变成对方的想法才是最明智的做法。

【金句】

1.（堵住领导的嘴巴）领导，我下周有事情，没法出差了。我下下周也有事情。

2.（淡定从容不催促）你慢慢做好自己的事情，不要着急，事情总得一件一件地做。

3.（说明地点增强可信度）老师，我忘记带作业了，我保证我写了，就在我家的书桌上放着呢。

4.（识破孩子的谎言）你呀，要是真的写了作业，就不会忘记了。记住，千万不要自作聪明，就凭你的小心思，还骗不过老师。

5.（你的话缺乏说服力）你相信你自己所说的话吗？你要是连自己都说

服不了，还怎么说服别人呢？

6.（还钱）亲爱的，这张卡里有 20 万元，是还给你的钱。你需要去查一下余额吗？你是相信我的吧。

7.（查清楚余额）我当然相信你。不过，亲兄弟明算账。我们一起去查查余额吧，当面核实清楚最好。

8.（表明立场）老王，我们都是多年的合作伙伴了，你为何不能通融一下呢？你很清楚，我是想要与你合作的。

9.（表明态度）老李，你也知道我们已经合作很多年了，既然如此，你这个要求让我为难啊。

10.（理解媳妇）媳妇，你总是和妈针锋相对，难道就不能退让一步吗？当然，我知道你受委屈了，我记着你的好呢。

11.（诉说委屈）婆媳婆媳，先有婆婆才有媳妇。你一味地让我退让，何不去问问你妈妈为什么总是看我不顺眼呢。

12.（提醒中间人要当和事佬）老公，我觉得我和你妈关系不好，与你没有当好和事佬也有很大的关系，你可别再假装无辜了。但凡你做得公正，我们也不至于越来越敌视对方。

3. 心怀善意，避开他人的"雷区"

【经典案例】

徐奶奶在三十出头就离婚了，独自抚养女儿长大，供养女儿读研究生。如今，女儿终于成家立业，把徐奶奶接到自己家里生活，却经常和徐奶奶爆发矛盾。原来，徐奶奶不喜欢女婿，当初女儿恋爱结婚时，她就强烈反对。现在，女儿连孩子都有了，她依然看女婿不顺眼。

女婿出身农村，很多生活习惯和城里人不同。这天晚上，女婿洗完澡没有拖洗漱间的地面，女儿只好打扫洗漱间。看到女儿干活，徐奶奶忍不住又开始抱怨："不听老人言，吃亏在眼前。你看看，农村人就是不爱干净，邋遢，还懒。我就不相信了，你们结婚都十年了，他就不知道洗完澡要拖地，还得别人拖吗？"女儿对徐奶奶的抱怨不以为意，说道："妈妈，拖地就是顺手的事情，没必要这么较真。况且，他洗完了我洗，有什么必要拖得那么干净呢，这是无用功。"徐奶奶依然喋喋不休，女儿赶紧回到自己的房间。

次日早晨，女婿没有吃徐奶奶准备好的牛奶、面包和鸡蛋，而是要吃胡辣汤。徐奶奶鄙夷地说："小张啊，不是我说你，你都进城十几年了，怎么还改不掉在农村生活的坏习惯呢。胡辣汤又辣又咸，对肠胃不好，还是牛奶、面包和鸡蛋清淡爽口，又养胃。"女婿厌烦地说："妈，您张口闭口农村人，往上数三代，您也是农村人的后代吧。况且，我都没有要求您喝胡辣汤，您凭什么要求我吃西式早餐啊。咱们各自安好吧。"徐奶奶被女婿一顿抢白，气得说不出话来。

【场景解析】

善于沟通的人会说别人喜欢的话，而不会故意触碰别人的逆鳞。在上述案例中，对于来自农村的女婿小张来说，农村人是他的逆鳞，却因为徐奶奶总是瞧不上农村人，他才特别反感徐奶奶张口闭口"农村人"。在社交中，我们要避开他人的雷区，不要故意说一些惹恼他人的话，也不要故意触碰他人的痛处。

有些人固执己见，盲目自信，总是认为自己才是正确的，而别人都是错误的。还有些人自视甚高，不可一世，明知道对方不想提起某些伤心事，他们却偏偏要与对方对着干。毫无疑问，揭开他人的伤疤，是很恶毒的做法，这么做只会导致人际关系破裂，两败俱伤。因而，我们既要避开他人的雷区，也要避免触碰他人的逆鳞。与其因为一句话就惹恼他人，不如说一些让他人开心的话，大家其乐融融地相处才是最好的。

【金句】

1.（说明情况）我老伴的身体不太好，癌细胞扩散了，可能只有一年的生命了。生命进入倒计时，多么可怕啊！

2.（表示理解）啊，这个消息太突然了，你要想开点儿啊。我们老了，夫妻之间总有一个人要先走，另一个后走。这是生命的自然规律。

3.（安慰他人）张朋，听说你儿子高考发挥不好，才考了400多分啊。不过，分数不能代表全部，孩子总有出路。

4.（说明道路千万条）高考发挥失常，要么复读，要么读大专，将来还可以学历提升。

5.（表示歉意，提出解决办法）很抱歉，我这次没有完成工作任务，给大家带来了麻烦。今天晚上，我留下来加班，保证不给大家拖后腿。

6.（表示感谢和反思）张工，以往你带领我们小组完成了很多艰巨的任务，大家都进步很大呢。这次纯属失误，我们一定会吸取教训，争取下次马到成功。

7.（表示体谅）你知道吗？小马在裁员名单里。听说小马的媳妇才生了孩子，这上有老下有小的，小马且得拼搏呢。

8.（表达恐惧）哎，裁员这把悬着的刀，说不定什么时候就会落在谁的头上呢。

9.（乐于助人）我们现在同情别人，下次说不定就轮到别人同情我们了。我们都帮那些被裁的同事留意着点工作机会吧。

10.（预先准备）经济环境不好，有的行业萧条，我们还是未雨绸缪，早做打算吧。

11.（做好准备）面对裁员的风险，不如预先学习某种技能，俗话说技多不压身。

12.（提前谋划）人无远虑，必有近忧。我们与其混日子，不如把宝贵的时间用于自我提升。

4. 改掉爱炫耀的坏习惯

【经典案例】

大学毕业后，李坤换了好几份工作，如今正在家待业呢。看到李坤整日黑白颠倒，夜里玩游戏，白天睡大觉，妈妈心急如焚，只得央求在4S店工作的老同学马伟帮忙。作为店长，马伟的确一直在招聘销售人员。在他的帮助下，李坤顺利加入4S店。也许是天生擅长销售，李坤很快就适应了销售工作，才入职十几天就卖出去人生中的第一台车。俗话说，万事开头难，有了好的开始，李坤便一发而不可收，第二个月居然卖出去十几台车。一年多过去，李坤销售业绩名列前茅，不但升职成为销售主管，而且薪资水涨船高。然而，他与同事的关系很糟糕，这都是因为他特别骄傲自负，喜欢抬高自己，贬低他人。

升任销售主管的第一天，有个组员真心诚意地向李坤请教："组长，我特别想向您学习，提高销售业绩。您能传授点儿经验给我吗？"李坤不屑一顾地说："做什么事情都要有天赋，你先把嘴皮子练得麻利点儿吧。你看看你，嘴唇特别厚，一看就是笨嘴拙舌的。"李坤的话使组员脸上红一阵白一阵的，尴尬极了。其他同事在一旁面面相觑，后来再也没有人向李坤讨教过。每个周一开小组例会，李坤还会批评这个组员笨，嘲笑那个组员傻，很快就把本组的同事全都得罪光了，变成了名副其实的光杆司令。马伟无奈地说："李坤，你还是下来干销售吧，我看你也就能管好自己。"李坤不假思索地说道："当干部无非就是动动嘴皮子管别人，还是自己管自己更好。"得了，李坤这句话算是彻底把马伟得罪了。后来，马伟找了个理由，把李坤调到其他店了。

【场景解析】

在人际交往中，哪怕我们的确有资本骄傲，也不要当着他人的面表现得高高在上，不可一世，更不要对他人不屑一顾，怀着鄙夷。人与人之间的关系是相互的，要想赢得他人的尊重，我们就要先尊重他人；要想得到他人的平等对待，我们就要先平等对待他人。特别是在沟通时，言为心声，我们更是要端正心态，友善热情，说一些宽和温柔的话，打开他人的心扉，赢得他人的好感，才能与他人之间建立良好的关系。

想做到言语宽和，就要做到如下几点。首先，打人不打脸，骂人不揭短，说话一定要避开他人的雷区，不要故意揪着他人不想提及的话题说个不停，更不要恶意诋毁、嘲笑或者讽刺他人。其次，不要进行无谓的争辩。人与人相处产生意见分歧或者矛盾都属于正常现象，我们要求同存异，尊重他人的想法和观点，而不要强求他人改变。再次，哪怕确定他人真的错了，也要以委婉的方式为他人指出错误，顾及他人的面子。最后，学会赞美他人，而不要总是自夸，也不要自吹自擂。那些喜欢自夸的人，很少在乎他人的感受，一味地抬高自己，无形中破坏了人际关系。正确的做法是保持谦逊低调，这样才能避免"木秀于林，风必摧之"。

【金句】

1.（表示恭喜）卢工，你升任副局长了，恭喜啊，年轻人就是有能力，有闯劲。长江后浪推前浪，看着你们，我都有危机感了。

2.（谦虚低调）老张，我就是机缘巧合，才能得到这个好机会。您是前辈，经验丰富，以后可要多多指点和教导我啊。

3.（羡慕他人）刘姐，听说你家女婿是大博士，你可真是好福气啊！我家女婿只是研究生，比你家女婿差远了。

4.（表示赞扬）咱们都是有福气的。你看你家多好，女儿是大学当老师，女婿是华为工程师，简直是天作之合呢。

5.（寻求合作）老马，听说你最近股票可没少赚钱啊。要不，教教我呗，我也想进股市呢。

6.（说明残酷的真相）哎呀，我离股神还远着呢，况且真正的股神只存在于传说中。在股市里，哪个股民没被割过韭菜啊。

7.（寻求经验）杜姐，你是怎么顺利通过研究生考试的，我都考三年了，还没考上呢。我特别想拜您为师，也争取早日上岸。

8.（安抚他人）你平日里工作比较忙，我在学校工作，寒暑假很长，正好可以用来复习。你已经很努力了，薪水是我的几倍之多，多好啊！

9.（表示侥幸）这次考试我纯粹是运气好，才能考到班级第三名。要是运气差一点，说不定只能考到十三名甚至二十三名呢。

10.（表示羡慕）你可太聪明了，能把这么难的附加题做出来，简直是数学学霸。不像我，经常做不出附加题，太失败了。

11.（虚心求教）张工，您看一眼就能发现问题，能教教我如何练就这个本领吗？

12.（谦虚）我这个三脚猫的功夫，可当不了你的老师啊，你还是去拜真正的老师吧！

5. 感谢当先，让领导收回成命

【经典案例】

宋佳刚刚转正，除了完成本职工作之外，还要帮领导完成一些琐碎的杂事。这天傍晚，领导拿着一份文件，让宋佳马上传真到甲工厂。宋佳不敢耽误，马上开始整理和传输文件，一直留在办公室里忙到晚上八点才下班。次日早晨，宋佳刚刚来到公司，领导就怒气冲冲地走到她的工位旁，大声斥责她："宋佳，我昨天让你传输文件，你为什么没有照办？"宋佳丈二和尚摸不着头脑，小声说："领导，我传到甲工厂了，那边的工作人员已经确认收到了。"宋佳话音刚落，领导更生气了，吼道："什么，传输到甲工厂了？我明明是让你传输到乙工厂的，对方昨天晚上十二点多还在催我呢。"

宋佳恍然大悟："领导一定是情急之下说错了工厂的名字，所以才会闹出这样的乌龙。"看到领导满脸怒气，宋佳没有解释，而是当即向领导道歉："领导，对不起，这件事情都怪我听错了，我现在就重新传真文件。"直到几天之后，领导才把宋佳叫进办公室，满脸羞愧地说："宋佳，很抱歉，我前几天错怪你了，明明是我下达指令错误，却误解了你，还当众批评你。"宋佳笑着说："领导，您这么说就太客气了。我也有错，当时应该再次向您核实的。况且，我这么年轻，挨几句批评没关系，这是您在提携我呢。我应该谢谢您，您别放在心上。"领导由衷地赞叹道："宋佳，没想到你小小年纪却有这么大的格局，也能承受这么大的委屈，真是后生可畏啊！"后来，领导找机会提拔了宋佳，宋佳也没有辜负领导的器重，表现特别出色。

【场景解析】

作为职场人士，在工作的过程中难免会出错，还有可能为他人的错误买单。宋佳情商很高，明知道错在领导，却没有当众辩解，反而当即承认错误。等到领导终于回过神来，想起自己传达了错误的指令向宋佳道歉时，宋佳非但没有责怪领导，反而感谢领导对自己的提携，博得了领导的好感，也为未来的发展赢得了很多好机会。

在职场上，面对上司提出的要求或者交代的任务，我们一定要全力以赴做到最好。如果某项工作或者任务超出了我们的能力范围，那么不要急于拒绝，而是可以先感谢领导的信任和器重，也表明自己真的很愿意贡献一份力量，最后再陈述自己的心有余而力不足。这样委婉真诚地拒绝他人，才能避免伤害他人，或者破坏与他人的关系。

不管是拒绝领导的批评，还是拒绝领导交代的任务，都要遵循如下原则：首先，即使有充分的理由，也不要生硬地拒绝领导。尤其是在领导怒气冲冲的情况下，要先承认错误，向领导道歉，给领导台阶下。其次，面对艰巨的任务，一定要先感谢领导，表明自己真的很想接受这份任务，再诉说拒绝的真实原因。再次，如果真的不能接受领导安排的工作，那么可以提出合理的方法或者可行性建议，还可以向领导推荐更合适的人选。最后，没有人愿意被当众批评，然而在被领导批评或者误解时，当务之急是保持冷静，承认错误，这样才能避免激怒领导，也才能及时把重点转移到解决问题上。

【金句】

1.（表明歉意，做出保证）主编，很抱歉，我的确没有按时交上采访稿。请您消消气，我保证再也不会发生这样的情况。

2.（说明情况，解决问题）老师，昨天事发突然，我的笔记本电脑坏了，已经基本完成的论文也随之丢失了。您放心，我三天之内就把论文交给您。

3.（抬高他人）国栋，这个任务很艰巨，你能胜任吧。我相信你的能力，所谓强将手下无弱兵，你可是薛总一手带出来的啊！

4.（委婉拒绝）领导，感谢您对我的信任和器重，我的确一直都想有机会证明自己。不过，我手里的工作还需要三天才能完成。

5.（下达任务）小杜，你最近工作辛苦了。明天公司聚餐，你找几个女生一起负责做饭吧，正好趁机放松一下。

6.（说明厨艺糟糕）感谢领导给我这个千载难逢的机会提升厨艺。在家里，我爸妈从来不让我进厨房，他们怕我把厨房炸了。

7.（预先告知风险）咱们明天是在户外野炊，对吧？广阔天地，大有可为。领导，我建议您多备一些食材，这样即使做坏了，也可以重新做，不至于让大家饿肚子。

8.（再次核实和确认）领导，感谢您的信任，我从来没有担任过如此重要的工作，您真的放心让我全权负责吗？

9.（表达感谢）对于这件事情，我特别感谢你，我从未拜托你帮忙，你却主动帮助我扫清障碍。我要如何感谢你呢？

10.（心怀忐忑，没有把握）一直以来，我从不知道自己居然还有这方面的能力，所以我不能保证完成任务，只能保证尽量做得更好，这样可以吗？

11.（说明理由）妈妈，谢谢你的好心，也谢谢你愿意花这么多钱为我报名补习班。不过，我觉得我不需要上补习班，我也不想上补习班，所以还是请您去退费吧。

6. 欲抑先扬，给足领导面子

【经典案例】

王总新官上任三把火，不但更换了办公室里的很多设备，还下令更换了新的键盘、鼠标。他对秦月说："我才走马上任一个多月，就听到好几个同事说鼠标或者键盘不好用。既然我们已经进行了大换血，也没有必要节省那么一点点钱了，把鼠标和键盘全都换新吧。"作为办公室秘书，秦月有了一个大胆的想法：何不趁着这个机会，把有线键盘和鼠标换成无线的呢？这样能让每一张办公桌上都少两根线，显得更加干净整齐，清清爽爽。

秦月思忖片刻，对王总说："王总，自从您走马上任，我们公司出现了崭新的气象，不但会议室焕然一新，就连办公室都因为摆放了大量绿植而显得生机盎然，同事们整体的精神风貌都变好了。据我所知，有一款无线键盘和鼠标套餐正在进行大力度的促销活动，反而比有线套餐的更优惠。最重要的是，很多同事都不擅长整理，键盘和鼠标线总是乱七八糟的。更换了无线键盘和鼠标，办公桌面上一定会干净多了。"听到秦月说得头头是道，王总毫不迟疑地说："既然如此，那就请你比较有线套餐和无线套餐的性价比，如果无线套餐的确更优质也更优惠，当然买无线套餐。"秦月领命而去，很快就联络老供货商，订购了一批质优价廉的无线套餐，还让老供货商赠送了一些适用的电池呢。

【场景解析】

当下属不但是一项技术，也是一门艺术。作为下属，既要学会揣摩上司的心思，也要学会以恰当的方式表达自己的想法。如果无所顾忌地指出上司考虑不周的地方，难免会惹得上司不高兴；如果一直隐瞒不说，则又无法圆满地处理问题。在解决问题和维护上司的面子之间，下属要两面兼顾。我们要知道，领导身居要职，公务繁忙，不可能面面俱到解决所有问题。上司需要征求下属的意见，下属也要主动对上司提出合理化建议，如此才能相辅相成，相得益彰。

要想达成目的，下属切勿否定上司的提议，否则就会与上司站在对立面，上司又如何愿意接纳下属的合理建议呢？聪明的下属善于迂回曲折地实现目标，先赞美上司，既让上司心花怒放，也让上司相信下属与自己站在同一个战壕，继而再委婉地给上司提建议，至于是否采纳则取决于上司。这意味着哪怕上司最终采纳下属的建议，也是他作出了明智的选择和决策，上司当然不会拒绝送上门来的功劳啊！

【金句】

1.（先肯定后提意见）领导，您的决策太明智了。如果能把这个计划再略微改进一下，那么效果一定很惊艳。

2.（表示接受领导建议）主任，您说得特别对，大家如果都能做到积极沟通，效果肯定更好。

3.（乐观预估）这个方案很不错，只有细节需要加以完善，最终将会一气呵成，精彩呈现。

4.（锦上添花）关于这件事情，我认为你的想法特别好。我只提一个小小的建议，并不会增加很多预算，却能起到更好的效果。

5.（提出建议）我知道你最近很辛苦，但是项目的工期很紧。我建议从本周六开始，每周加班一天，直到项目结束。

6.（充满信心）领导，您带领我们做出了很多成绩，这是大家有目共睹的。如今我们承担的项目虽然特别艰巨，难度颇大，但是大家都有信心跟着您一起干出个样子来。

7.（委婉建议）领导，咱们部门的大部分员工都已经结婚生子了，都盼着周末陪伴家人和孩子呢。要不，咱们改成加班半天吧，您觉得呢？

8.（下达命令）虽然目前的定价策略已经帮助我们快速收回了成本，但是公司依然面临资金链紧张的问题。下个季度，我们把商品提价30%。

9.（摆明困难）经理，我们当然愿意提价。不过，现在市场行情不好，销量本就持续下滑，我们能否等经济形势好转，再考虑提价的事情呢？

10.（请求宽恕）老师，您一直以来对我们都特别有耐心，希望您这次也能宽容我们的错误，毕竟我们真的不是故意的。

11.（先肯定后表决心）俗话说，瑕不掩瑜。虽然大家在这个项目上出现了纰漏，但是这并不能否定我们一直以来的良好表现。接下来，我们只要改正错误，继续努力就好。

7. 因势利导，学会借领导之口

【经典案例】

某县教育局在小学全面推行计算机教育，因而划拨了一大笔钱，为全县所有小学都配备了计算机房。在城镇里，教室都有空调，而在农村，教室里是没有空调的。夏季炎热，计算机房里有几十台计算机，一旦启动就会使教室里的温度上升，主机无法散热，出现诸如死机等情况，还有可能损坏主机呢。作为计算机房的管理者，龚老师几次三番想向朱校长申请在计算机房安装两部柜机空调。然而，朱校长整日哭穷，让龚老师压根不敢开口。

这天下午，中心校邀请每所村小的校长和计算机房的管理老师去中心校参观，以加强对计算机房的使用和管理。大家原本汗流浃背，一进入计算机房，就感受到超强的冷气。龚老师夸张地打了个寒战，朱校长更是开玩笑说："都说计算机怕热，难道就不怕冷吗？"中心校校长说："计算机不怕冷，只要不是零下的温度，都没关系，反而很怕热。一台计算机小一万元钱呢，热坏了，谁也担不起责任。"朱校长又说："这得多少电费啊！"龚老师也趁机说道："原本，买柜式空调就需要一笔钱，电费又是一笔开销。这电脑可真宝贝啊！"不等中心校校长说话，朱校长就说："空调和电费再贵，也没有一屋子的电脑贵。"中心校校长赞许地点点头，说道："还是老朱有觉悟。大家都勒紧裤腰带，尽快安装空调吧，中心校会帮忙支付一半的费用。"随行的各位校长都连声附和，表示会马上安排。

【场景解析】

作为计算机房的管理者，龚老师当然希望能为宝贝电脑们提供温度适宜的环境，但是购买两台柜式空调的确需要一笔钱，会给原本就不富裕的学校增加额外的负担。趁着去中心校参观的好机会，他借着中心校校长的话头，让朱校长亲口说出"空调和电费没有一屋子的电脑贵"这个真相，由此顺利推动朱校长下决心购买空调，为计算机房降温。这么说既达到了建设计算机房的目的，也避免了张口申请购买空调被迁怒，可谓一举两得。

借上司之口说话，要做到心平气和，循循善诱。作为下属，如果以强硬的态度向上司提意见，那么非但不能达成目的，还有可能惹怒上司。此外，还要把握最佳时机。三国时期，诸葛亮神机妙算，万事俱备，只欠东风。在沟通中，所谓东风就是好时机，即我们借上司之口说话的最佳场合和时间点。要避开上司忙于工作或者专心休假的时候，要避开上司勃然大怒、焦头烂额的时候，最好选在上司心情好、工作清闲的时候与上司沟通，如此则能事半功倍。最重要的是，要设身处地为上司着想，把上司心里的话抢先说出来，让上司"无话可说"，只能说出我们的"心里话"。

【金句】

1.（请教领导）领导，您上次说关于这个项目有个特别好的提议，您能详细说说吗？

2.（说明缘由）主管，马总上次说要想尽一切办法留住客户，我这才给客户让价的。

3.（真心感谢）刘总，您新官上任三把火，允许我们更换陈旧的办公设备，使整个办公室焕然一新，大家都特别感谢您呢。

4.（借老板之口表扬）小刘，老板今天来办公室视察，特别表扬了你这个办公室主任。好好干，我相信假以时日，你一定会有更大的进步，可以独当一面。

5.（说明困难）彭总，这台打印机才用了十年，质量一直很好，却突然坏掉了。公司经济紧张，这不是雪上加霜吗？这可怎么办啊？

6.（顺水推舟）既然打印机坏了，那就买新的吧，毕竟已经使用十年了，没有维修的价值。旧的不去，新的不来，你拿申请单来给我签字，去财务室盖章吧。

7.（提出恳求）老板，我辜负了您的期望，把项目搞砸了，您开除我吧。我甘愿接受惩罚。如果可以的话，我想干到月底，行吗？

8.（委婉留人）谁也不是天生优秀。既然公司已经为你支付了这么大一笔学费，当然不能让你学成去别家做贡献。

9.（正话反说）××，你怎么能犯了错误就提出辞职呢？公司已经为你的错误买单了，你当然要留下来，为公司"当牛做马"。

10.（就坡下驴）既然你这么喜欢跑步，那就由你担任体育委员吧。

11.（提拔他人）我知道你最擅长管人了，所以你当主管最合适，一定要带好手下的员工。

12.（主动让贤）你这么擅长精打细算，以后咱们家就由你来当吧，我只负责上交工资和完成你安排的任务。

8. 主动让利，满足客户的心理需求

【经典案例】

嘉美开了一家服装店。她挑选的衣服质地优良，款式新颖，最重要的是价格很亲民。很快，她就拥有了一批老客户。每到换季的时候，这批老客户都会前来选购衣服。有些客户性格爽快，对于嘉美给出的优惠价毫不怀疑，试穿之后就痛痛快快地付钱。有些客户则疑心重，生怕嘉美给了他们高价，因而哪怕嘉美让到最低价，他们还是会不停地砍价。渐渐地，嘉美摸清了这些客户的脾气秉性，见什么客户说什么话，生意做得越来越顺。

这天，老客户徐姐来了。她一眼就看上了店里的新款羊绒大衣，穿在身上舍不得脱下来。嘉美说："徐姐，这件衣服就像是为您量身定制的一样，简直太合身了，而且特别衬您的气质。"徐姐笑着说："嘉美，你就是嘴巴甜，最会哄我开心了。我都半老徐娘了，好衣服也穿不出好来喽。"嘉美连声道："哪里，哪里，岁月不败美人，您是越来越有韵味了。"徐姐又说："既然你把衣服和我说得这么好，那赶紧给我优惠点儿吧，不然我可买不起。"嘉美说："徐姐，这件衣服我就拿了一件，因为这衣服挑人，一般人穿着不好看，二般人又一定会嫌贵，还是您慧眼识珠。既然您张嘴了，我就给您打个八折吧，您也知道我一直都薄利多销，从不卖高价。"徐姐显然不满意，说："3988元，打完八折还要小3000块呢。这样吧，2600元我付钱。"嘉美其实也可以卖2600元，但是她知道不能让徐姐感觉她答应得太爽快，因而她为难地说："徐姐，2600元我就赔钱了，八折我也就赚100多块钱。这件衣服进价就2680元了，您总得给我个路费钱吧。您要是不相信，我把进货单拿给您看。"说着，嘉美就要拿进货单。徐姐一听嘉美说得这么详细，眉开眼笑地说："那就2680元吧，你就当做好事，给老姐带了一件衣服。我相信你，不看进货单。"嘉美收回手，无奈地摇摇头，说道："好吧，好吧，徐姐，那您可要多多介绍好姐妹过来照顾我生意啊！"就这样，徐姐开开心心地付了钱，拎着衣服走了。

【场景解析】

俗话说，买的没有卖的精。买家要知道，卖家不会赔本赚吆喝，但买家总是想越便宜越好。嘉美正是把握了徐姐想通过还价来占便宜的心理，虽然直接给徐姐打了八折，以表示自己的诚意，但是依然预留了几百元的空间，以备徐姐继续砍价。果不其然，徐姐一直砍到嘉美所说的"进货价"，才满意地付款。她哪里知道，为了应对她这种无底线砍价的顾客，嘉美每次都会准备一份特殊的进货单呢。

绝大多数顾客都在乎性价比，正是因为如此，商家才会乐此不疲地搞促销，以满足客户的占便宜心理。对于那些无底线砍价的客户，一定要准备好一套说辞，也可以态度强硬地拒绝对方，以便让对方明确我们的底线。当然，最好在定价时就预留价格空间，以便客户讨价还价。当客户相信买到就是赚到便宜，他们会当即做出购买决策，心甘情愿地掏出钱包付款。

【金句】

1.（主动打折）美女，你可真有眼光，这件衣服是今年的最新款，仿巴黎时装周设计剪裁的。这个价钱根本不贵，我再给你九折吧。

2.（主动打折）美女，你身材好，穿上这件衣服一定特别漂亮。既然你和这衣服这么有缘分，我就一步到位给你打八折吧。

3.（主动抹零）大姐，真的不能再便宜了，再便宜就赔本了，我宁愿留着自己穿。这样吧，我给你抹个零头，就算是让个面子。

4.（主动减少金额）的确，榴莲这么贵，买一个都心疼。抹个零头可不够，我抹完零头再给您让十块钱，谁让您是我今天的开张生意呢。

5.（主动降价）您是我的老主顾了，今天榴莲上新，给您老客户专属尝鲜价，不为赚钱，只为赚人气，您吃好了再来。

6.（谈判时主动示好）王总，咱们已经谈判两天半了，这是最后半天。这样吧，我反客为主请您吃饭，您再让点儿，行吧？

7.（真诚大放价）陶总，尽管您把话都说到这里了，我就再让最后一步，再给您多 1% 的优惠。

8.（表明诚心）请您相信，我真的已经尽力了。如果您对这个价格还不满意，那么我晚上自掏腰包，请您吃我们阳澄湖的大闸蟹赔罪，这样总可以了吧？

9.（激发对方的互惠心理）咱们都是老实本分的生意人，谁也不希望谈判三天毫无收获。这样吧，我擅自做主再让 1%，希望你们也能拿出诚意。

10.（表明购买的诚意）老板，我"千里迢迢"来你家买水果，你怎么也得给便宜点儿吧。

11.（主动打折）如果您要一筐草莓，我可以给您九折优惠，毕竟量大从优么。

12.（主动给出批发价）买一斤苹果和买十斤苹果当然不可能是同样的价格，您放心，买得多按照批发价。

13.（主动赠送小礼品）这个新款手机功能特别强大，最适合您这样的成功人士，您要是想买，我再送您一个价值百元的手机壳，这样您就不用单独买了。

14.（主动赠送额外服务）您的眼光可真好，这款车卖得特别好，您现在买，可以赠送您一年玻璃险。

9. 制造危机，不动声色施加压力

【经典案例】

作为售楼处的销售人员，艾米连续几个月业绩都位居第一。对于那些难缠的客户，她有独门秘籍。上个周末，艾米接待了一对年轻夫妻。这对夫妻都喜欢 108 平方米的三居室，妻子在看样板房的过程中，甚至在开始设计如何摆放家具。艾米原本以为这对夫妻会马上拍板，结果出乎她的预料，他们离开之后杳无音信，甚至没有询问艾米价格能否有优惠。艾米等得特别着急，又不敢轻易给客户打电话，生怕客户直接拒绝。

直到一个星期之后，售楼处要举行龙虾节活动，艾米才打电话邀请这对夫妻，他们开心地接受了邀请。就这样，艾米和这对夫妻又见面了。男客户吃着龙虾喝着啤酒，不亦乐乎，女客户则抱怨龙虾太辣。艾米马上给女客户拿来冰镇果汁，趁机问道："对于上次看的那套房子，你们觉得怎么样？"女客户说道："当然很满意，就是价格太贵了。"艾米不动声色地说："的确，每一个看过那套房子的客户都觉得很满意，他们和您一样觉得太贵了。只是这个星期，就有三个客户让我找领导申请打折。"女客户马上警惕起来，问道："哦，有人要买了吗？你申请到什么价格了？"艾米无奈地说："您可不知道，我们领导特别难说话，迄今为止只答应给一个关系户优惠到九八折，还说是看了某某银行行长的面子。"女客户马上拿出手机开始计算，片刻之后向艾米核实："房子两百多万，优惠到九八折，也能便宜五万多块钱呢。"艾米点点头，说："搞笑的是，我好不容易申请下优惠，那个关系户的钱还没到位。"女客户眼睛放光，问道："如果马上交钱，能把这个优惠给我吗？"艾米毫不迟疑地摇摇头，说："对于另外两个普通客户，领导从未答应给优惠。"女客户让艾米再去找领导申请，并且说："只要你能申请下来，我马上交定金。"艾米心里喜滋滋的，表面上却装作为难的样子，说："姐啊，你还是先吃龙虾吧，毕竟龙虾也挺贵的，总比白来一趟好。我只能去碰碰运气。"直到半个小时后，艾米才口干舌燥地回来，向女客户比了个OK的手势。女客户赶紧跟着艾米去交定金了。

【场景解析】

前文说过，客户都有占便宜的心理，他们对于占便宜的迫切和渴望，甚至超过了对商品本身的迫切和渴望。当得知有人通过某个银行行长谈下来优惠，女客户确定这是普通客户拿不到的优惠，因而迫切渴望也能享受九八折。当客户有了明确的意向，作为销售人员的艾米也就有了明确的谈判目标。这一切都得益于艾米不动声色地给客户施加压力，让客户从稳如泰山到迫切渴望。

对于那些犹豫迟疑、瞻前顾后的客户，我们要以隐晦、暗示的方式让他们产生危机感，这样才能迫使他们尽快做出决策。例如，可以假设已经有客户看上产品，正在商谈，也可以假设有人通过非常渠道谈下来某个折扣，让客户怦然心动。经验丰富的销售人员还会采取欲擒故纵的方法，在以确凿的口吻告诉客户最低折扣后，就假装要结束谈判，变被动为主动，让客户着急。需要注意的是，在使用这种方法与客户谈判时，要确保客户足够忠诚，不会扭头找其他销售人员成交，否则就会事与愿违。

【金句】

1.（用竞争对手制造危机感）这个价格还没有达到我的心理预期，你再帮我努力争取一下吧，不然我只能去别家看看了。

2.（说明老板做主）先生，任何买卖肯定需要双方都觉得合适才能成交，老板肯定不能同意这么低的价格，您的出价还能再高点儿吗？

3.（说明定价理由）女士，任何产品都不会随意定价，便宜有便宜的原因，贵有贵的理由。

4.（说明存在比较的产品）这套房子太贵了。我看到网上有的房子报价更便宜，我看完之后再做决定。

5.（说明房子抢手）的确，每个看过的人都觉得这套房子太贵了，同时，他们也觉得这套房子太好了。有个客户已经基本接受了这套房子的价格，应该会很快定下来。

6.（说明自己不能接受现在的价格）我觉得还可以，要是价格再优惠些就更好了。不过，你们一点儿优惠都不给，我就没法考虑了。

7.（说明这件衣服真的很好）女士，如果这件衣服的价格再优惠些，那么早就被人穿回家了。您应该庆幸这件衣服很贵，才能等到您。好衣服从不遵循物美价廉的原则，而是等待真正有缘的人。

8.（说明这款车很稀缺）先生，这款车是限量款，全市只有六辆。您一定要尽快考虑好，否则错过不止等一年。

9.（制造紧迫感）女士，我们这款包包是限量的，错过就没有了。

10.（说明珍贵）这款项链可是大师的手作款产品呢，绝无仅有。

10. 投其所好，送出一顶顶高帽子

【经典案例】

据传，1742年，青年才俊袁枚外调去沭阳担任县令。临行之前，他去看望老师尹继善，也向老师告辞。看到得意门生袁枚即将去沭阳担任父母官，尹继善既感到欣慰，也有些担心。

他问袁枚："为官一方，既要爱护百姓，造福于民，也要学会与其他官员打交道。你准备怎么做呢？"

袁枚恭敬地回答："老师，请您放心，我已经准备好一百顶高帽子，送给官场上的同僚。我想，他们一定会乐于接受的。"

老师有些不解，袁枚继续说道："老师，官场上的人都自视甚高，他们一定喜欢听奉承和赞美的话，也喜欢戴高帽子。等到走马上任之后，我第一时间就先给上司、下属和同僚送高帽子，这样他们总不好意思习难我吧。"

老师忍不住皱起眉头，略带责备地说："袁枚，你年纪轻轻就要当父母官，应该把心思用在造福百姓上，怎么还没上任，就只想着阿谀奉承，曲意逢迎呢。"

袁枚笑着说："先生，您淡泊名利，高风亮节，是人中龙凤。那些世俗之人怎么会有您这样的胸襟气度呢。我就用庸俗的方法对待他们，多多奉承他们，他们一定会高兴，自然不会为难我。"听到袁枚的话，老师眉头舒展，脸上露出了笑容。他和颜悦色地又叮嘱袁枚一番，袁枚暗暗想道："我准备了一百顶高帽子，这还没有去沭阳呢，就已经送出去一顶了。"

【场景解析】

越是清高孤傲的人，越是喜欢听奉承话，前提是我们要把奉承话说得不露痕迹。在上述故事中，袁枚去辞别老师，因为想送高帽子被老师责怪，却只凭着一番奉承话就让老师消除怒气，又开始和颜悦色地与他说话。由此可见，送高帽子的威力很大。

送高帽子时，我们切勿贬低或者嘲笑对方，而是要迎合对方的心理，说一些奉承话，让对方心花怒放，也让对方认同和赞赏我们。如果想向对方推销产品，那么要强调产品的品质，以与对方相匹配。在赞美对方时，不要毫无根据地阿谀奉承，而是要言之凿凿，名副其实，这样才能赢得对方的信任，消除对方的疑虑。

【金句】

1.（说明产品功能强大）老师，我可以负责任地告诉您，机器人在经过数代更新之后，不但技术特别成熟，而且清洁的效果特别好。

2.（把话说到妈妈心坎里）妈妈，我就知道你一定会喜欢这个礼物，因为你可是最时髦最亮丽的妈妈呀。

3.（书不算是普通的礼物）领导，我一直记得您不收礼呢。您放心，我一定秉承有事说事的原则，坚决不给您送礼。不过，这套收藏版本的书可不算礼物。

4.（送出特殊的礼物）我不敢送庸俗的礼物给您，只有这份"特殊的"礼物才合适。您快看看喜欢吗？

5.（设身处地为他人着想）我总是来找您帮忙调动，我知道您也很为难。我一上火嗓子疼，我想您肯定也是这样，所以给您带来了清咽利喉的好东西。

6.（说明自身的难处）领导，我知道您最体恤下属。您看，我和丈夫多年分居两地，孩子渐渐长大，需要父母的陪伴和关爱。正因如此，我才厚着脸皮来求您。

7.（捧高领导寻求帮助）我知道，我就算是不说，您也知道我们家的难处。您是领导，一句话就抵得上我说千百句。

8.（给领导戴高帽子）领导，我知道您最爱护下属。如果不是真的遇到难处，我肯定不会来麻烦您。我真的是走投无路了，才会厚着脸皮来求您。

9.（捧高老师）老师，我知道您最善良美丽善解人意了，求您千万不要把我犯错误的事情告诉我妈妈呀！

10.（抬高他人）小张，我知道你可是这家门店的销售冠军啊，凭你的面子，一定能帮我申请到更大优惠吧！

第三章
晓理动情巧说服，
四两拨千斤动人心

　　说服他人无疑是最难的，因为要改变他人的想法，让他人接受我们的观点。强制说服他人，往往会激发起他人的逆反心理，使他人与我们以硬碰硬，两败俱伤。要想让他人心悦诚服，就要晓之以理，动之以情，也要善于以四两拨千斤，让说服起到最好的效果。

1. 现身说法，以情动人

【经典案例】

战国时期，赵国政权交替，国家动荡不安，秦国趁此机会举兵攻打赵国，占领了赵国的三座城市。此时赵国内忧外患，形势危急，因而向齐国求救。齐国要求赵威后把小儿子长安君送到齐国当人质，才肯发兵援助赵国。赵威后特别疼爱长安君，坚决不肯把长安君送到齐国，齐国迟迟不肯援救，使赵国的情势越来越危急。很多大臣都劝说赵威后要以国家安危为重，赵威后勃然大怒。

左师触龙特来拜见赵威后，赵威后知道触龙所为何事，因而怒气冲冲地等着触龙。触龙一路小跑来到赵威后面前，说道："太后，我腿脚不便，很久没来看望您了。"赵威后说："我出行也要靠车。"触龙又询问赵威后饮食的情况，得知赵威后食欲不振，说："太后，我为了有食欲，每天都坚持走上三四里地。"听到触龙没有开门见山劝说自己，赵威后面色稍缓。

触龙又说："太后，我的小儿子才十五岁，我想趁着自己还在世，把他托付给您，让他替补王宫卫士的空额，守护王宫。"赵威后问道："男人也疼爱小儿子吗？"触龙说："男人比女人更疼爱小儿子。"赵威后认为，还是女人更疼爱小儿子，触龙却认为赵威后最疼爱的人是燕后。他说："父母之爱子，则为之计深远。您纵然万般不舍，却依然送燕后嫁到遥远的地方。然而，在包括赵国在内的所有国家里，没有人被封侯，子孙能够继承爵位的。为此，他们胆战心惊，生怕祸及子孙。即便是国君的子孙，也不能长久地无功受禄。您爱长安君，给他封官加爵，却不让他趁此机会为国立功。等到您溘然长逝，长安君如何在赵国站稳脚跟呢？我正是因此才觉得您没有为长安居长远考虑，您更疼爱燕后。"触龙的话让赵威后改变了主意，同意送长安君去齐国当人质，因此齐国出兵援助赵国，解了赵国的危难。

【场景解析】

俗话说，伴君如伴虎。赵威后执政，大臣们劝说她把小儿子长安君送到齐国当人质，都被她愤怒地拒绝了。触龙没有直接劝说赵威后，而是从把自己的小儿子托付给赵威后开始说起，表达了父亲爱子之心切，由此说起赵威后更爱女儿燕后，而不为长安君做长远打算。触龙以这样的方式解开了赵威后的心结，让赵威后答应送长安君去齐国，为赵国解围。

《触龙说赵太后》是历史上著名的说服案例。触龙顶着巨大的压力，因势利导，现身说法，最终让赵威后心服口服。在说服的过程中，触龙以自己为榜样，让赵威后就像爱燕后一样，为长安君的长远计谋。和生硬的说服相比，现身说法，以自己为榜样说服他人，感情更加真挚，道理发人深省，因而增强了说服力。如果能够与说服对象产生共鸣和共情，则说服会更加顺利，水到渠成。

【金句】

1.（老婆手术）老婆，我知道你很疼，毕竟刚刚做完手术。如果你受不了，就喊出来，好不好？

2.（孩子骨折）这位爸爸，我理解你的心情。但是，孩子的小腿胫腓骨骨折，上下端均有骨裂，属于粉碎性骨折，一旦做手术打开骨膜，骨头就会散掉。

3.（医生对患者换位思考）如果我是你，如果这是我家孩子，那么我会选择让孩子暂时休学，先调理好心情。

4.（给出就业建议）我大学毕业时，和你一样面临着去大公司还是去小公司的选择。我最终选择去大公司，因为大公司发展空间广阔，发展前景好，晋升通道也很明确。

5.（分析求职利弊）我知道你为何想去小公司。在小公司，虽然能拿到更高的薪水，但是从长远来看，未来的发展远远不如大公司。我们要有远见，也要学会延迟满足。

6.（安抚孩子考试失利）这次考试发挥失常，成绩糟糕，你的心情一定很差吧。我也曾有过这样的经历。

7.（回忆自己的心情）当时我特别责怪自己，后来才发现没有人能保证在每一次选择中都绝对正确，选择失误属于正常现象。

8.（给出专业建议）表弟，建议你学习通信工程，毕业后特别好找工作，还能进入华为这样的大厂，就像我。

9.（说服女孩当老师）女孩子当老师多好，就像我，每年都有寒暑假，平时还能面对一群活泼可爱的孩子，连心情都变好了。

10.（表明心意）很多当爸爸的都喜欢生儿子，只有我们这样真爱老婆的好男人才喜欢生女儿。

11.（感冒不能洗澡）千万不要在感冒发烧的时候洗澡，你们看，我洗完澡之后感冒加重了。偶尔脏一点没关系，身体健康才是最重要的。

12.（尊重长辈）和长辈沟通，一定要尊敬长辈，而不要没大没小。我就是你们最好的警示，你们看，我因为对妈妈直呼大名而被打得鼻青脸肿。

13.（海鲜过敏）如果你是过敏体质，那么最好不要吃海鲜，否则就会和我一样满脸满身都变得红通通的，还奇痒无比。

14.（高中文理科分班）我要是你，就会选择学习文科，毕竟你是真的喜欢文科啊，兴趣才是最好的老师。

2. 顺言逆意，委婉说服他人

【经典案例】

楚庄王在位时，特别喜欢养马，尤其钟爱一匹马。普通的马只能住在条件简陋的马厩里，他却让这匹马住在宽敞高大、富丽堂皇的房屋里。众所周知，马通常是站着睡觉的，只有在安逸舒适的环境里才会躺着睡觉。楚庄王心疼马一直站着睡觉太辛苦，因而让人给马准备了又宽又大的床，让马每天都躺在床上睡觉。普通的马只能吃粗糙的干草，楚庄王却让人准备大量的蜜饯干果，让马敞开肚皮想吃多少就吃多少。

在楚庄王的娇生惯养之下，马越来越肥胖，走几步就气喘吁吁，后来病死了。楚庄王特别伤心，决定给马办一场盛大的葬礼，用安葬大夫的礼仪安葬马。得知这个消息，文武百官议论纷纷，有些大臣斗胆反对。楚庄王勃然大怒，当即下令："如果有人因为以大夫之礼仪葬马进谏，杀无赦。"大臣们哪怕意见再大，也不敢拿自己的项上人头冒险，只好噤声。

得知这件事情，优孟一边号啕大哭，一边进宫求见楚庄王。看到优孟哭得伤心欲绝，楚庄王很吃惊，赶紧询问原因。优孟边哭边说："大王，您最喜欢的就是宝马，现在宝马死了，怎么能只以大夫的葬礼规格埋葬它呢？我们楚国地大物博，国力雄厚，您不管想以什么规格厚葬宝马，都是可以做到的。"

听到优孟的话，楚庄王内心窃喜，当即问道："依你之见，要如何厚葬宝马呢？"优孟说："普通的棺木配不上宝马，要用美玉雕琢棺材，还要用最好的木材制作外椁。这样也还不够，还要用贵重的樟木作为装饰，再派出几千名士兵挖掘一个方方正正的硕大坟墓。坟墓所用的土也是有讲究的，要让年幼的孩子和年迈的老人背土。不仅如此，还要通知赵国、齐国、魏国和韩国，让赵国和齐国的使节走在前面陪祭，魏国和韩国的使节跟在后面护卫。等到举行完隆重且盛大的葬礼之后，还要建造祠庙以备祭奠之用。祠堂建好之后，要宰杀各一千头猪、牛、羊，举行太牢礼祭祀宝马，还要命令一个足足有一万户的城邑经年累月地供奉宝马。只有这么做，各个诸侯国才会知道，大王把人看得卑贱，却把宝马看得特别贵重。"

优孟说完这番话，楚庄王意识到他一意孤行，要厚葬宝马，的确犯了很严重的错误。他问优孟："我居然错到这种程度了吗？我接下来该怎么做呢？"优孟说："既然大王已经意识到错误，那么请把宝马交给我，让我用对待牲畜的方法埋葬宝马。只用泥土制作外椁，用几口硕大的锅作为棺材，再加入生姜和红枣调味，用稻草作为祭品，用火焰作为衣服，这匹肥硕的宝马就能去到它该去的地方——人们的肚子里。"楚庄王当即表示同意，把宝马交给厨房烹饪，成就一道美味。

【场景解析】

楚庄王爱马，决定以大夫的葬礼规格埋葬马，当然让大臣们感到匪夷所思，有些大臣还斗胆进谏。然而，他们不懂得如何说服，最终惹恼了楚庄王。面对高高在上的楚庄王，优孟反其道而行，非但没有劝说楚庄王改变主意，反而让楚庄王提高葬礼的规格。在他细致入微的描述下，楚庄王终于意识到他的决定是错误的，因而主动改变主意，让宝马成为厨房里的美食。这是顺言逆意的典型沟通案例。

当他人固执己见且位高权重时，我们说服他人必须花费一番心思，不能以常规的方法强制要求他人改变。顺言逆意一个最大的好处，就是先顺着对方的意思去说，不会导致对方反感和抗拒，继而在持续夸大其词的过程中，让对方主动意识到自己的想法或者决策是错误的，因而进行反思，做出改变。顺言逆意能避免得罪人，让说服水到渠成。

【金句】

1.（表明真心）领导，我不想加班。不过，我特别喜欢赚加班费。

2.（下属拒绝加班）好啊，其实我也不想加班。你按时下班吧，需要你加班完成的工作，我会交给其他人完成。

3.（面对不服从安排的下属）即使你不想完成本职工作也没关系，毕竟如今有很多大学毕业生都找不到工作呢，总有人愿意干的。

4.（说明自己经济拮据）老板，这个东西还能便宜点儿吗？我不是想让你便宜，而是真的口袋里的钱不够了。

5.（被顾客砍价）如果你不想给钱，我也可以不收你的钱。但是，你敢要吗？不收钱的东西，是来路不明的东西。

6.（眼馋肚饱）这个东西太好吃了，我还想再吃一些。可是，我已经吃饱了。

7.（面对贪吃的人）吃饱了也可以再吃啊，反正胃是有弹性的。如果每次都吃十二分饱，那么胃就会变大，人自然也会越长越胖，连好看的裙子都穿不下了。

8.（预先警告痘痘危机）这个东西的确很好吃，尤其是麻辣的口感令人直呼过瘾。你想吃就吃吧，不过明天发现脸上长痘痘可别大呼小叫哦！

9.（说明不写作业的后果）孩子，你不想写作业就不写，即使被老师批评、被同学嘲笑也没关系。

10.（让他人独立决策）对于这件事情，你想好了就去做吧，只要你自己不后悔就行，我的意见无关紧要。

11.（表明心意）我真的很想听从你的建议留在家乡读大学，但是我的理想在远方啊！

12.（被妈妈要求穿羽绒服）妈妈，我真的不冷，但是我可以按照你的命令穿上厚重的羽绒服。如果一天都在流汗，会不会流鼻血啊！

13.（被妈妈强制听话）你总是要求我听你的话，难道你需要的是一个机器人小孩吗？

14.（说明过于听话的后果）我可以一直听你的话，但是那样我就不会长大了，因为我不需要想很多事情，只要遵照你的命令就好。

3. 循循善诱，让对方主动改变

【经典案例】

哈默，是美国西方石油公司的当家人，经济眼光毒辣，颇有魄力。1921 年，哈默听说苏俄开始实行新的经济政策，吸引外商投资。他特别看好苏俄广阔的市场，不由得动心，想把生意拓展到苏俄。他知道，苏俄的当务之急是消灭饥荒，而美国最不缺的就是粮食。大丰收使美国大米的价格极其低廉，只要 30 多美元就能买到 100 斤大米。然而，农民不愿意低价出售粮食，宁可烧掉粮食。反观苏俄，盛产宝石和毛皮。显而易见，苏俄盛产的宝石和毛皮，正是美国紧缺的，而美国生产的粮食，正是苏俄紧缺的。哈默想到：如果用美国的粮食换购苏俄的宝石和毛皮，岂不是各取所需，正好满足了对方的需求，也解决了自身滞销的问题吗？这么想着，他火速赶往莫斯科。

得知哈默来到莫斯科，列宁次日早晨就召见了哈默，并且与哈默深入讨论了有关粮食的问题。列宁问哈默："先生，您愿意来苏俄做生意吗？"对于列宁的提问，哈默沉默不语，毕竟西方国家一直仇视苏俄，而苏俄正处于经济转型期，很多事情都是未知的，很多政策也未必能够落实。列宁仿佛看出了哈默的担忧和顾虑，他详细地讲述新的经济政策给哈默听，并且表示苏俄已经下定决心挖掘经济潜能，欢迎世界各国的朋友来到苏俄投资，开拓市场。列宁还向哈默保证，苏俄一定会确保投资者的利益不受损害。然而，哈默依然一声不吭。

列宁知道，哈默心里依然存在疑虑，因而继续做哈默的思想工作。列宁说："请你放心，只要你来苏俄投资，我们还会给你提供很多政策支持和便利条件。"在哈默的沉默中，列宁打开天窗说亮话："我知道商人不是慈善家，必须赚钱，有利可图，才会决定投资。你认可这一点吧，哈默先生。我向你保证，苏俄的优惠政策和广阔市场，一定会让你赚到钱的。"在列宁抽丝剥茧的分析下，哈默终于消除疑虑，决定在苏俄进行投资。

【场景解析】

对于商人哈默而言，在苏俄投资的唯一理由就是获利。列宁正是抓住了哈默的核心需求，循循善诱，逐个消除了哈默的疑虑，才能帮助哈默下定决心，把生意做到苏俄，为促进两国的贸易往来作出贡献。

采取抽丝剥茧、逐个击破的方式与他人沟通，最重要的是明确终极目标。唯有在终极目标的指引下，我们才能始终保持正确的方向，确保自己所做的每一件事情都是有效的。在此过程中，还要坚持循序渐进的原则，如同接力赛一样让每一份力量前仆后继，持续发力。

【金句】

1.（提醒老板不加班）老板，我不想长期出差，我应聘的时候就说过这一点。

2.（给年轻人打鸡血）趁着年轻，我们要加油拼搏，这样才能先苦后甜啊！

3.（面对懒惰的年轻人）年轻人，你可要扛起生活的重担啊！

4.（面对只想享福的人）人人都想享福，但是人人都不可能永远享福，总要有付出才有回报的。

5.（工作一天回家）我工作一天特别累，不想做家务。但是看着乱糟糟的家里，我又特别闹心。

6.（有人说带孩子很轻松）的确，工作一天很辛苦，只有中午吃饭时才能休息吧。你看看我是怎么吃午饭的，因为没人帮忙带孩子，我只能先把孩子喂饱，再抱着孩子吃饭。

7.（有人说带孩子很清闲）今天傍晚，孩子一直闹腾，我一边看孩子，一边做饭炒菜。紧接着，我还要帮孩子洗澡。

8.（有人说上班比带孩子更累）你总是说上班很累，你可知道我从早晨六点多到深夜十一点多，只有孩子睡着，我才能得到片刻休息。我真的怕了全年无休的生活。

9.（你想躺平和摆烂）你不想学习，我也不想工作。如果我们一起躺平，那么结果会怎样呢？

10.（孩子不想学习）孩子，如果你现在不吃学习的苦，将来就要吃生活的苦。

11.（孩子抱怨学习太累）你看看，社会上有那么多人失业，找不到工作，也有很多人不得不从事最苦最累的工作，却只能得到很少的薪水。

12.（身边的人想随心所欲地生活）你想过好日子吗？想实现财务自由吗？如果想，你应该知道怎么做。

13.（身边的人不想努力奋斗）人人都想过最好的生活，却不知道哪怕是富二代，也要努力拼搏才能接手家族企业。没有谁的人生道路是平坦顺遂的。

14.（孩子吃了辣条不舒服）今天，你吃了辣条，不但感到肚子疼，而且嗓子也疼。明天，你还吃辣条吗？

4. 主动出击，奇袭制胜

【经典案例】

乾隆年间，通州的胡长龄高中状元。乾隆看到胡长龄不但满腹诗书，才华横溢，而且相貌英俊，玉树临风，因而想招胡长龄为驸马，加以重用。他特意委派主考官王御史旁敲侧击，询问胡长龄是否已经娶妻成家。对此，胡长龄没有片刻迟疑，他告诉王御史："我已经娶妻了。"其实，乾隆早就猜想到胡长龄有可能已经娶妻，却没想到胡长龄坚决拒绝了当驸马的机会。乾隆有些生气，暗暗想道：胡长龄啊胡长龄，你可知道有多少人想当驸马，你却不识抬举。我倒是要看看，你的糟糠之妻究竟有何特别之处，让你如此念念不忘。

乾隆当即下旨让胡长龄的妻子进京。胡氏接到圣旨，一路风尘仆仆，很快就进京了。这天，她穿着朴素的粗布衣服，不卑不亢地来到皇宫，准备拜见乾隆。在跨越大殿门槛时，胡氏轻轻地抬起裙角，轻声说道："我是村妇，可别把万岁爷的金门槛弄脏了。"乾隆听到这句话，不由得暗暗赞叹：胡氏虽然出身贫寒，却识得大体，懂得礼仪，实属难得。等到胡氏走到近前，乾隆仔细看去，发现胡氏长相平平，皮肤黝黑粗糙，身材更是粗壮魁梧，还有一双"不合时宜"的大脚。乾隆很惊讶，情不自禁地惊叹道："好一双大脚啊！"

被乾隆取笑，胡氏丝毫没有惊慌，而是落落大方地回答："脚大胜似舶护履惊涛。"乾隆反问道："你觉得脚大好？朕后宫里的嫔妃都是三寸金莲，难道不如你吗？"遭到乾隆质问，胡氏思路清晰，说道："足小宛若画舫过浪巅。"看到胡氏初次进京面圣，却丝毫不胆怯，乾隆暗暗佩服胡氏有胆识、有气魄，当即让人给胡氏上茶。胡氏喝了一口茶水，说道："饮香茗遥念故乡水。"乾隆被胡氏的思乡之情感动，下旨让胡氏洗去一路风尘，胡氏又说："食俸皇粮当思耕夫辛。"至此，乾隆更加敬佩胡氏，说了上联"远闻通州出才子"，让胡氏对出下联。胡氏毫不迟疑地答道："近观皇宫多佳人。"乾隆又出上联"冠授官，官戴冠，官被冠管"，胡氏略作沉思，回道"仁教人，人压仁，人受仁欺"。

乾隆知道胡氏不满他想要招胡长龄为驸马，也知道自己不该破坏胡长龄与胡氏的姻缘，因而挥毫泼墨，写下"翰墨竹梅"刻成牌匾，赐予胡长龄夫妇。

【场景解析】

作为一名村妇，胡氏明知道乾隆想招胡长龄为驸马，却一不哭二不闹，而是在接到圣旨之后进京面圣。她不卑不亢，落落大方，知书达理，也有胆识，有气魄，与乾隆对答如流，所以才赢得乾隆的赞赏，让乾隆打消了招胡长龄为驸马的想法。可以说，乾隆与胡氏虽地位悬殊，一个贵为天子，一个是一介平民，但胡氏却能镇定自若，扭转不利的局面，从被动变为主动，值得敬佩。

不管是在职场上还是在生活中，我们都难免会遇到那些位高权重且仗势欺人的人，一味地哭天抹泪并不能改变现状，最重要的是保持冷静的头脑，让语言化作无形的利器，帮助我们转败为胜。

【金句】

1.（分派任务）接下来，我们有个出差的任务。如果没人去，那么我就去了。

2.（先发制人拒绝出差）领导，我刚刚出差回来，电量已经耗尽，申请得到充电的时间。

3.（制造紧迫感）这次只有一个晋升的名额，看看谁有真本事吧。当然，还要好好表现。

4.（毛遂自荐争取任务）每次咱们部门有紧急任务，都是我担起加班的重任，我相信经过这段时间的历练，我已经可以独当一面了。

5.（主动提出问题）咱们商量一下爸爸妈妈的养老问题吧。他们养我们小，我们养他们老，这是天经地义的。

6.（履行君子协议）这没什么好商量的，按照我们当初约定的去做就好。

7.（父母离婚安抚孩子）即使我和妈妈离婚了，我也依然爱你。

8.（正话反说）女士，希望您不要买这件裙子，因为这件裙子仅此一件，总能为我招徕客户。

9.（故意说出极端假设）我知道你特别喜欢玩游戏，要不我们接下来的半个月里一直玩游戏，不做其他事情，你看看感觉如何？

10.（提出中肯建议）你这么喜欢喝奶茶，不如开一家奶茶店吧，这样你就可以实现奶茶自由啦，我可以给你投资。

11.（打击不切实际的求职想法）你既想要高薪，又想福利待遇好，还想离家近，不如开一家这样的公司吧，我一定第一个去应聘。

12.（戳破浪漫的工作理想）如果真的有人间理想的工作，我连老板都不想当了，也要去应聘。然而，哪一份工作不需要付出努力，不需要辛苦坚持呢？

5. 巧妙模仿，同构意悖

【经典案例】

在一个偏僻的小镇上，乔治是出了名的酒鬼，他经常喝得酩酊大醉，不是与人争吵，就是与人打架。邻居们都很讨厌乔治。这天，乔治喝醉酒之后又和邻居打起来了，邻居一气之下把乔治告上法庭，让乔治接受法律的制裁。乔治自知理亏，也知道自己在小镇上的口碑实在太糟糕。他预感到自己有可能会被惩罚，因而绞尽脑汁想为自己开脱。

开庭当天，乔治刚刚走上法庭，就抢先问道："法官先生，我可以问您几个问题吗？"

法官回答："当然可以，你问吧。"

乔治说："我如果吃了几个苹果，会触犯法律吗？"

法官回答："不会。你有权利吃苹果。"

乔治又问："我吃完苹果，再喝一点水，有罪吗？"

法官摇摇头，说："没有。"

乔治面露喜色，说："那么，我能在吃饱喝足之后躺在地上晒太阳吗？"

法官点头。乔治趁机问道："既然如此，为何我喝了一点用苹果加水酿造的东西之后，躺在街上晒太阳，就被告上法庭了呢？"

法官恍然大悟，原来乔治想用这样的方式帮助自己开脱。法官淡然一笑，对乔治说："接下来，我也有几个问题想问你，可以吗？"乔治点头。

法官问道："如果我向你泼一盆水，你会受伤吗？"

乔治摇摇头，说："现在天气很暖和，被泼水既不会受伤，也不会感到冷。"

法官又问："如果我拿起一些黏土，倒到你的头上，你会因此而受伤吗？"

乔治继续摇头，斩钉截铁地说："肯定不会。"

法官接着问道："那么，如果我在水里加入一些黏土，做成一块砖头，再把砖头放在太阳下晒干，用它打你的头呢，后果又会如何？"

乔治结结巴巴地说："砖头……呜……很有可能会打破我的头，使我受伤。"

法官正等着乔治这么回答呢，他当即说道："虽然单独的水和单独的黏土都不会伤害你，但是把水和黏土混合起来制成的砖头，却会打破你的头，使你受伤。同样的道理，虽然你吃苹果、喝水都是合法的，但是当你喝了高度数的苹果酒，却会发酒疯，躺在地上挡住道路，与邻居争吵打架，导致严重的后果。这就触犯法律了。"

乔治自知理亏，再也不为自己辩解了。

【场景解析】

在争辩的过程中，如果对方使用诡辩的技巧无理辩三分，那么我们则可以模仿他人的表达方式，产生同构意悖的良好效果。这就如同以子之矛，攻子之盾，一旦使对方落入自己设置的陷阱，对方就只能自食恶果。

简而言之，同构意悖就是以其人之道，还治其人之身。通常情况下，同构意悖有两种方式：第一种方式，模仿对方的语言，狠狠地还击对方；第二种方式，模仿对方的方法，让对方无力招架。使用同构意悖的方法反击对方，首先要明确对方的真实意图，其次才能分析对方的论据，有的放矢地进行反击。

【金句】

1.（家长和老师沟通）你是老师，帮我家孩子补课肯定很轻松，怎么还能收补课费呢？

2.（患者和医生沟通）你是医生，给我家老人看病毫不费力，干脆把治疗费和医药费都免除了吧。

3.（和在造纸厂工作的朋友要纸）你在造纸厂工作，家里肯定有很多不花钱得来的纸吧，带一些给我用吧。

4.（和在银行上班的朋友要钱）你在银行上班，银行里那么多钱，你随便拿点儿给我，就够我吃吃喝喝了。

5.（和别人要玉米）你家地里有很多玉米，掰一些送给我吧。

6.（和别人要车子）你家院子里有两辆车，分一辆给我开吧。

7.（指责他人自私）你这个人特别自私，从来不会为他人着想。

8.（绑架他人借出汽车）你这个人特别大方，从来不对他人吝啬。既然如此，把你的汽车借给我开几天吧，我会给你加满油的。你不会拒绝我的，对吧？

9.（拒绝他人揩油）你自诩大方，就不要总是揩我的油水了吧。

10.（面对要求 AA 又自诩大方的人）既然你从来不计较，为何还要与大家 AA 呢？

11.（定义大方和小气）真正大方的人从来不自诩大方，真正小气的人从来不自认为吝啬。

12.（请对方帮忙写文章）你写一篇文章只需要两个小时，不如免费帮我写吧，就当这两个小时在看电影。

13.（要求对方免费带饭）既然做饭这么容易，还不能收钱，那么以后你免费带饭给我吃吧。

14.（要求对方赠送作业本）既然一个作业本不值多少钱，那么你就多送几本给我吧。

15.（建议对方学习奥数）既然你说学习数学很容易，那么就去学奥数吧。

16.（建议对方带鲜花）既然你家里是开花圃的，不如多带几盆花来学校吧。

6. 能言善辩，不失优雅

【经典案例】

在好朋友的引荐下，海棠来观看话剧表演。这场话剧表演只是彩排，因为没有特定的座位安排，好朋友对海棠说"你随便坐吧"就去后台忙了。海棠坐到了第三排的中间位置，这里视野非常好，也能把舞台上的表演看得真真切切。海棠正等着话剧表演正式开始呢，有个女孩趾高气昂地来到海棠身边，说道："这个位置是我的。"海棠纳闷地问："这里的座位，不是随便坐的吗？"女孩依然很高傲地说："我习惯坐在这个位置上。"这个时候，海棠听到周围的人窃窃私语，得知站在她面前的女孩就是本次活动一位赞助者的女儿。女孩仿佛感受到四周投射过来的目光，不屑一顾地说："既然你想坐在这里，那就让给你吧。"海棠原本已经后退一步让出了座位，这个时候又上前一步说道："原来，这里是你的主场，那你可要学学怎么尽东道之谊啊。放心，有朝一日你去到我的地盘上，我也会宽宏大量不和你计较，把最好的位置让给你的。"

【场景解析】

因为一个座位就争论不休，显然会影响其他人观看话剧，说不定还会引起骚乱呢。海棠原本想把座位让出去，却被女孩趾高气扬的样子气坏了。她很有涵养，没有指责或者贬低女孩，而是以夸赞的方式，隐晦地指出女孩不该霸占座位，更不该自以为是地"让出"座位。海棠的一番话说得特别有礼貌，丝毫没有流露出怒气，却能让女孩知道她的态度，可谓能言善辩，又不失优雅。在社会生活中，很多大事小情都会引起人们的争辩。可以说，辩论是人类生活的必然产物，也正是辩论推动人类社会不断向前发展。对于辩论，我们要端正态度，既不要畏惧退缩，一听到辩论就敬而远之，也不要胆小怯懦，主动向他人妥协或者投降。辩论未必需要针锋相对，有的时候，只要运用巧妙的心思，深思熟虑地组织语言，就有可能让辩论结果圆满，皆大欢喜。

【金句】

1.（和孩子一起分苹果）你是小人，要吃这个小苹果。我是大人，要吃这个大苹果。

2.（争取得到大蛋糕）我是小人，但是我的嘴巴可不小，我能吃得下大蛋糕。

3.（指责大人抢饼干）你这么大的人了，却不知道尊老爱幼，为了一块饼干和我这个小人玩弄心眼，真是可笑啊。

4.（嫌弃手机太贵）这款手机太贵了，价格远远超出了它的实际价值。我不是买不起，而是觉得它没有性价比。

5.（介绍手机的价值）这款手机的确很贵，但是物超所值。您现在只能看到它的表面，而看不到它的内涵。等到您真正开始使用这款手机，一定会为自己做出明智选择而高兴。

6.（关于走路的争辩）我低着头走路，是因为我在走上坡路。那些昂着头走路的人，走的是下坡路。

7.（表明离开的决心）我要离开你，我再也不想和你在一起了，再也不想见你了。

8.（劝说对方不要离开自己）如果你想离开，那么你一定要记得带走你的东西，例如我。

9.（夸赞对方情商高）同样的话从你的嘴巴里说出来，总是让人心里暖暖的。

10.（夸赞对方会说话）我最喜欢听你说话了，你虽然能言善辩，但是攻击性不那么强，即使难听的话，一旦到了你的嘴里，也变得好听。

11.（诉说自己的委屈）没有人喜欢被委屈和误解，如果有，那肯定是出于无奈。

12.（主动承担责任）关于这件事情，我不想再狡辩，更不想推卸责任。男子汉大丈夫，一定要敢于承担责任。

7. 刻意引导，让他人恍然大悟

【经典案例】

有一次，唐太宗退朝之后，满面怒容地回到后宫，口中不停地咒骂着："这个可恶的乡巴佬，总有一天我会忍无可忍，一定要砍掉他的脑袋。"看到唐太宗怒不可遏，长孙皇后纳闷地问道："皇上，是谁让您这么生气啊？"唐太宗说："这天底下，除了魏征，还有谁敢这么惹我生气呢。每次上朝，只要与我意见不同，他丝毫不顾及我的颜面，总是当着文武百官的面顶撞我。我恨透了他！"

长孙皇后很震惊，她知道魏征向来忠诚，敢于直言进谏，一切都是为了江山社稷。如此耿直的忠臣，理应得到皇上的爱护，皇上怎么能动杀心呢？但是，长孙皇后也知道，皇上很恼火当着满朝官员的面丢了面子。她知道现在不能劝皇上息怒，否则就是火上浇油。直到第二天，她才换了朝服，特意来到大殿参拜唐太宗。按照大唐制度，只有在大型祭祀和册封等隆重的场合，皇后才需要穿着朝服。唐太宗看到一身朝服的长孙皇后很惊讶，长孙皇后跪拜在唐太宗面前，说道："恭喜陛下，贺喜陛下。臣妾听说，只有君主贤明，才能出现直言进谏的忠臣。反之，如果君主昏庸，那么大臣只会曲意迎合与讨好，根本不敢进谏。现在，陛下贤名远扬，把国家治理得很好，所以朝堂之上才会有魏征这样的忠臣直言不讳。"

原本，唐太宗还在生魏征的气呢，此时却被长孙皇后的一番话说得心花怒放。他暗暗想道："原来，魏征直言进谏恰恰说明我是贤明之君，看来我非但不能砍掉魏征的脑袋，反而要嘉奖魏征，让他多多提醒和监督我呢。"

【场景解析】

长孙皇后很少干涉前朝政事，却在唐太宗生魏征的气时，特意穿上朝服，先是赞美唐太宗是明君，继而劝说唐太宗要重用魏征这样直言进谏的忠臣。在她的刻意引导下，唐太宗才能消除对魏征的愤怒，更加赏识和器重魏征。可想而知，如果长孙皇后在唐太宗的气头上，不合时宜地劝说，非但不能让唐太宗消除怒气，反而有可能火上浇油，使唐太宗迁怒于她。君主高高在上，掌握着所有人的生杀大权。哪怕是贵为皇后，与君主是夫妻，也要学会以柔克刚的沟通之道。

和直截了当否定他人，试图改变他人的想法相比，刻意引导则如同春雨润物细无声，能够滋养他人的心田，改变他人的心意。哪怕他人知道我们的意图，也不会特别抵触和抗拒。从心理学的角度来说，刻意引导就是唤醒他人的意识，使他人主动反思和改正错误，形成角色意识、社会责任意识、年龄意识、自我价值意识等，继而做出符合自己身份、地位和社会角色的行为。

【金句】

1.（遇到有理讲不清的人）气死我了，我真想狠狠地骂小张一通。他总是这样胡搅蛮缠，我是秀才，他是兵。

2.（故意抬高对方）我知道，小北这次的确把事情搞砸了，理当被评。

不过，您可是领导啊，您还是心理学硕士，当然不能用简单粗暴的方法发泄情绪。

3.（表达期望）我相信，您一定知道怎么让下属主动反思，心甘情愿地写检讨。

4.（警察抓到人贩子）在看到人贩子的那一刻，我特别想冲上去打他，他怎么能贩卖孩子呢？但是我不能知法犯法，而只能把人贩子绳之以法。

5.（劝说警察不要冲动行事）我理解你的感受，每个人都特别痛恨人贩子，他们伤害无辜的孩子，让无数个家庭毁灭。但是，你是一名警察，要运用法律的武器制裁违法犯罪的人。

6.（为自己玩手机狡辩）我只是在学校里偶尔玩一下手机，这没有什么大不了的吧。大家都在玩手机，您怎么能只批评我呢？

7.（父母指责孩子带手机去学校）如果是在家里，你偶尔玩一下手机无可厚非，但是学校明文规定不许玩手机，所以作为学生违反学校规定，你偷偷地带手机去学校是错误的。

8.（医生批评患者夜晚偷玩手机）你最近白天总是哈欠连天，在熄灯之后还躲在被窝里偷玩手机，影响正常休息，这不利于康复。

9.（戳破幻想）人人都希望自己是大富豪，这只是美好的期望而已。只有采取实际行动，坚持奋斗，才有可能实现。

10.（父母夸赞老师）只有在开明的班级里，孩子才敢把老师当成朋友，对老师说"心里话"。可见，您是一位开明的老师，也很尊重和爱护孩子。

8. 妙用激将法，说服于无形

【经典案例】

周生是走街串巷的卖货郎。最近，天气越来越冷了，老百姓家家户户都急急忙忙赶制棉被。周生决定先不卖杂货，而是专门卖锦缎被面。他挑着两筐锦缎被面，在街道、巷子里叫卖："被面，卖被面喽！锦缎被面哦！"在当时，大多数人家都用粗布当被面，缝制被子，只有讲究的人家才会买锦缎被面。听到周生的吆喝声，张大妈、李大妈和王大婶都从家里出来，纷纷吆喝周生把被面拿出来看一看。

周生颇有些骄傲地拿出各种颜色的被面，说道："看看吧，这可是我精挑细选的锦缎被面，不比国营商场卖得差。"她们一眼就看上了被面，问道："这被面多少钱一床？"周生说道："35块钱一床。"王大婶摩挲着被面，说："好看倒是好看，质量也不错，就是太贵了。"

周生说："这还贵？国营商店要50块钱一床呢。"张大妈也帮腔道："国营商店有房租，有人员工资，你可是都没有这些支出啊，理应便宜些。"李大妈也随声附和。

周生察言观色，知道王大婶是真的想买，说："你要是想买，给你32块钱一床。"王大婶鼓起勇气说："我觉得，也就25块钱一床才合适。"周生说："这怎么可能呢，我批发都没有这么便宜。"王大婶笑着说："你批发肯定比这个便宜。"周生突然说道："批发便宜是因为量大从优。你要是批发，我就给你 25 元的价格。但是，你肯定买不了那么多，四床才能算批发价，正好一张红票子，也省得找钱了。"

听到周生小瞧自己，王大婶生气地说："你怎么知道我买不了四床？"周生继续说："你要是真能买四床，我认赔本也卖给你。"王大婶一咬牙，真的买了四床锦缎被面。周生收了钱，挑着变轻的担子走了。后来，张大妈和李大妈各自从王大婶那里买了一床被面，这样王大婶正好剩下两床被面。

【场景解析】

在 20 世纪 80 年代，对于普通老百姓而言，花费重金购买锦缎被面可是大事，毕竟老粗布的便宜实用，能节省很多钱呢。周生为了一次性多卖掉几床被面，故意使用激将法，嘲笑王大婶买不了四床被面。王大婶不服气，偏偏买下四床被面，中了周生的销售圈套。幸好有张大妈和李大妈分担，否则买四床锦缎被面可是很大一笔开支呢。

只要把握合适的时机，激将法就能起到出人意料的效果。此外，使用激将法还要区别沟通的对象。有些人争强好胜，很容易被激将；有些人犹豫不决，疑心病重，则不容易被激将。使用激将法时，要使用相反的话激发对方不服输的心态，这样不需要我们提出要求，对方就会主动下定决心做我们期望他们去做的事情，这往往比好言相劝或者恳求效果更好。

【金句】

1.（故意打击他人）我不相信你能把这件事情做好。

2.（刻意否定他人）我早说了，以你的能力，肯定无法胜任这份工作。

3.（假装责怪自己）都是张经理非让我找你聊聊，问问你的心意，我就知道我是瞎子点灯——白费蜡。

4.（故意贬低对方）你不想做就不要做了，反正你也做不好。

5.（激励对方努力工作）我觉得你根本不能担当这个重任，毕竟你每天工作都浑浑噩噩，浪费时间。

6.（刺激对方坚定考研）如果连你也能考上研究生，那么研究生考试也太容易了，岂不是无法起到选拔人才的作用吗？

7.（用不相信刺激对方）你说你会做饭，估计连鬼都不相信吧。你自己相信吗？

8.（面对不认真学习的孩子）当初，我想让你读中专，爸爸非要让你读高中。其实，我早就看出来你不是读书的料了。不如现在就辍学吧，距离高考还有一年呢，早打工早赚钱，别再白白浪费时间了。

9.（面对想要竞聘的朋友）你都不用考虑，我觉得你无法通过竞聘。

10.（面对跃跃欲试的同事）老丁，你都一把年纪了，还能当项目带头人吗？我觉得人老了，脑子反应速度肯定变慢，体力也跟不上。

11.（刺激同事下定决心当项目负责人）如果让你当项目带头人，那些年轻的下属肯定不服气，说不定还会故意违抗你的命令呢。哎，廉颇老矣，尚能饭否？

12.（面对想修机器的同事）机器出现了故障，你居然说你能修理？你要是不知道天高地厚，把机器修坏了，可赔不起啊！

13.（面对自诩能吃辣的朋友）你自诩能吃辣，这可是魔鬼辣啊，你真的能吃吗？我怎么那么不信呢？

14.（劝说酒鬼戒酒）老王，你这十几年经常说要戒烟戒酒，从来没有做到过。如今，你已经68岁了，还能戒烟戒酒吗？大概连你自己都不信吧。

15.（故意刺激老婆戒掉奶茶）老婆，你每天都喝一杯奶茶，身体都形成依赖性了吧，我可不相信你能戒掉奶茶。

16.（故意嘲笑想参加聚会的老公）老公，你经常和狐朋狗友聚会，要是这次不去，他们一定会在背后骂你，甚至和你绝交吧。

17.（面对等着媳妇来接的哥们）你可别吹牛了，我压根不相信你媳妇会来接你回家，你不挨揍就不错了。要不，你打个电话给你媳妇探探口风？

18.（听到不可信的传言）谁能一顿饭吃十个馒头啊，那不得撑坏了吗？若非亲眼所见，我绝对不敢相信。

9. 积极暗示，让榜样发挥作用

【经典案例】

春秋时期，齐国的国君齐景公特别爱马。他最喜欢的马患上急症死了。得知这个消息，齐景公勃然大怒，马上下令肢解马夫。他当然知道这是迁怒于马夫，但是他没有其他办法消除内心的愤怒和悲伤。为了防止有大臣斗胆为马夫求情，他还大声宣布："如果有人为马夫辩护，那就陪着马夫一起死！"在场的人全都屏息凝气，生怕城门失火，殃及池鱼。

对于齐景公滥杀无辜的行为，晏子特别不满，决定救马夫。他赶紧走过去，一手高高地举起大刀，一手则揪住马夫的头发，眼看就要手起刀落。突然，他扭头看向齐景公，问道："大王，我有件事情想请教您一下，这件事情很重要。"齐景公不知道晏子的意图，应道："你问吧。"晏子又说："古代有很多贤明的君主，他们肢解罪人时，是从哪里开始下刀的？我一时之间想不起来了。"听了晏子的话，冲动暴怒的齐景公才意识到自己大错特错，是一匹马重要，还是成为贤明的君主更重要呢？他满脸羞愧，并不生气晏子嘲讽他，而是摆了摆手，说："相国，我知道你的意思，我不肢解马夫了，你快把刀放下来吧。"

【场景解析】

面对高高在上、怒气滔天的君王，晏子固然知道齐景公迁怒于马夫是错误的，却不能直接指出齐景公的错误，否则有可能使齐景公更愤怒。在这样千钧一发的关头，他灵机一动请教齐景公古代的贤明君主是从哪里开始肢解罪人的，无疑是在暗示齐景公："你的所作所为可不贤明啊！"齐景公当即联想到古代贤明的君主，也以他们为榜样，最终决定收回成命。

晏子当然知道古代贤明的君主从不滥杀无辜，他之所以明知故问，就是为了暗示齐景公要以古代的贤明君主为榜样。人人都善于模仿他人，既有可能受到好的影响，也有可能受到糟糕的影响。在暗示他人时，我们要为他人树立好的榜样，才能起到正向积极的作用。

【金句】

1.（看到刘强东的故事）我特别想像刘强东一样成功，我必须努力、加油。

2.（当被问为何坚持创业）我早就不想当老板了，太累。但是，只要想起我的目标是把公司做大做强，为更多人提供工作机会，我就浑身充满了力量。

3.（询问他人的目标）每个人努力工作都有目标，你的目标是什么？

4.（当被问及为何这么拼）夜已经这么深了，我却还在加班呢。为心怀梦想的自己点个赞吧！

5.（安抚加班的人）你应该感到庆幸，在经济低迷的今天，你还有班可加。

6.（面对是否加班的选择）我经历过半年失业的困境，现在特别珍惜工作的机会。只要给加班费，我是愿意加班的。

7.（关于是否继续考研究生）我只要努力，就能考上研究生。

8.（被问能否做到一些事）别人能做到的事情，我也能做到。

9.（当被问及以谁为榜样）王叔叔家的国栋初中时学习成绩很糟糕，高中时也不算出类拔萃。他一直咬紧牙关刻苦学习，居然能在高考中成为黑马，考上了一所特别好的211大学。我要向他学习。

10.（面对迷惘的年轻人）小梦，你表姐大学毕业进入国企，不但工作稳定，福利待遇好，而且经常有出国的机会，公费旅游太幸福了。

11.（面对身患绝症的妈妈）妈，有个阿姨和你患了同样的病，人家一直坚持治疗，到现在都过了二十年了，还好好活着呢。你一定要有信心啊！

12.（面对不思进取的儿子）你都毕业五年了还是个小职员，你表哥工作五年时都当领导了，还买房买车了呢。你也要加油啊！

13.（说说疫情时期的餐饮业吧）我们的邻居——火锅店熬过了最艰难

的时期，现在又开始热闹起来。我们做快餐的，也不能缴械投降啊！

14. （面对爱睡懒觉的儿子）苏伟每天都坚持早起读英语，这次考试得了第一名，你呢，准备怎么做？

第四章
妙语如珠爱幽默，
谈笑风生其乐融融

　　幽默，是最高级的智慧表现形式。在人际交流中，当我们因为一些人或者一些事而感到尴尬、难堪时，适时的幽默能够消融人与人之间的坚冰，使原本降至冰点的气氛活跃起来，重新拥有温度。

1. 善用幽默，让交流更融洽

【经典案例】

周六清早，曹叔来到早市，看到有个年轻人拉来一车军大衣，正在叫卖。天气越来越冷，曹叔当即试穿军大衣。果然很暖和，他继续穿着军大衣，与年轻人砍价。年轻人要价180元，经过曹叔讨价还价，最终以150元成交。曹叔喜滋滋地穿着军大衣吃完早点，就回到小区的广场上晒太阳。

大概一个小时后，曹叔看到楼上的邻居马叔也穿了一件簇新的军大衣回来。他热情地与马叔打招呼，问道："老马，你的军大衣也是从那个年轻人那里买的吧。"马叔点点头，说："质量真不错，穿着特别暖和。"曹叔又问道："你多少钱买的？"马叔毫不迟疑地回答："120块呢。"听到这个数字，曹叔整个人都不好了。他当即站起身来，朝着集市走去。果然，年轻人还在呢。曹叔大步流星地走到年轻人面前，质问年轻人："小伙子，可没有你这样做生意的哦，你卖给我150块钱，卖给别人120块钱。"年轻人眼珠子一转，谎话脱口而出："老大爷，我和那个人是爷们，他是我堂叔。"曹叔也随机应变地说："哦，我和那个人是亲兄弟，所以我也是你的堂叔。侄子，快把30块钱退给我吧，可没有这么坑堂叔的。"年轻人被曹叔逗得哈哈大笑，当即拿出30块钱还给曹叔。曹叔又说："放心吧，我不白要你30块钱。我这就去帮你广而告之，让你薄利多销。"

【场景解析】

热闹的集市充满烟火气，既有吃的喝的，也有穿的用的。作为顾客，当发现自己刚刚买的东西降价了，心情肯定不爽。然而，回头找回差价，貌似也没那么容易。幸好曹叔很机灵，在年轻人撒谎说卖给堂叔便宜后，他马上说自己和老马是亲兄弟，认了年轻人当侄子。如此一来，年轻人被逗得哈哈大笑，根本没有理由不给曹叔找补差价。原本棘手的问题，因为曹叔的幽默圆满解决了。

在人际交往中，我们难免会有尴尬难堪的时刻，或者因为他人出言不逊而生气。每当这时，与其对他人恶语相向，不如运用幽默的语言进行反击，摆脱窘境。恰到好处的幽默，既夸张荒诞，又微妙有趣，能够瞬间改变气氛。

【金句】

1.（面对故意惹恼自己的人）人们说戏剧家都是白痴。先生，我认为你就是最伟大的戏剧家。

2.（你做什么工作）我呀，混得很不错，有个独立办公室，还带一整面墙的大窗户。别瞎想，我可帮不了你什么，我就是个看大门的保安。

3.（你的事业发展怎么样）真没想到，在职场上混了二十几年，才混到独立办公室——传达室。

4.（你为什么秃顶）因为我的知识太渊博，小小的脑袋瓜子根本盛不下，所以就溢出来了。

5.（被叫单身狗）单身的男人叫单身狗，单身的女人叫"狗不理"，否则就不会单着了。

6.（理了新发型被围观）快来看看我的新发型，丑出了新高度。

7.（面对换了新发型的男朋友）我好不容易才习惯你的丑，你却换了个发型，又换了个丑法。得了，我又得重新适应了。

8.（当朋友总是怨天怨地）这个世界上只有不孕不育，没有怀才不遇。我建议你还是反省一下自己是否真的有才吧。

9.（朋友总是玩手机）告诉你，千万不要把手机放在枕头底下，会有辐射的。你赶紧回家把枕头扔掉吧。

10.（当现场陷入尴尬的沉默）我最擅长把天聊死，朋友们都叫我"聊天终结者"。

11.（当被问做了什么菜时）我的"黑暗料理"厨艺，一定能给你带来无限"惊喜"。

12.（当被问是否坚持健身时）我昨天去健身房举杠铃时，把自己也举起来了。

13.（当被问为何不认识路时）与其说自己是路痴，不如说自己是懒癌晚期。

14.（他的情绪怎么样）他的脸就像六月的天，说变就变。

15.（他为什么记不住）他和金鱼一样只有七秒钟的记忆，永远也想不起来自己到底忘记了什么。

16.（当被他人嘲笑太胖了）我可不是无所事事地胖了，我每天都在研究怎样胖得更有艺术感。

17.（当说起人生这个沉重的话题）人生就像打电话，比比谁先挂。

18.（当探讨生命的意义时）人生就像拉面，既要有长度，也要有宽度。

19.（当被指责无所事事时）如果一天有 48 个小时，那么我 24 个小时都在发呆。

20.（当被问及有什么缺点时）我唯一的缺点就是太完美了，这可真是气人啊！

2. 巧装糊涂，不动声色化解危机

【经典案例】

这一天，是萧伯纳的戏剧《武器与人》进行首场演出。这次演出获得了巨大的成功，观众们齐声高呼，让正在幕后的萧伯纳来到舞台上，与大家见面。看到观众们热情高涨，萧伯纳只好走到舞台上，和一众演员谢幕。正在此时，第一排有个观众突然大声喊道："这部喜剧简直糟糕透顶，别出来丢人现眼啦。"

作为大名鼎鼎的戏剧家，萧伯纳当众被羞辱，却面色平静，波澜不惊。相反，他当即面带微笑，毕恭毕敬地朝着那个出言不逊的观众鞠了一躬，并且特别有礼貌地说："亲爱的朋友，我完全赞同你的意见。"说着，他又看了看正在热烈鼓掌、啧啧赞叹的其他观众，无奈地对那个观众说："但是，我们俩只有两个人，势单力薄，根本无法反对台下这么多观众啊！我很同情你。"萧伯纳话音刚落，观众们爆发出更加热烈的掌声与喝彩声。

【场景解析】

作为著名戏剧家，当众被人羞辱无疑是尴尬的事情，但是萧伯纳并没有因此而愤怒，或者冲动地为自己辩解。他没有做出正面回应，而是假装糊涂，对对方的否定和侮辱表示认同，这表现出萧伯纳的气度与胸怀。紧接着，他告诉对方全场只有两个人不喜欢这部喜剧，一个是他自己，另一个就是对方。可想而知，萧伯纳的黑色幽默轻而易举地把那个出言不逊的观众与其他观众对立起来，胜负立见。

很多聪明人都擅长巧装糊涂，既能避免与他人进行正面争辩，又能帮助自己消除尴尬，还能营造其乐融融的氛围。他们胸怀广阔，懂得忍耐，也有强大的内心，不会因为他人的一句话就情绪冲动。他们情绪稳定，既能把自己从困境中解救出来，也能帮助他人摆脱窘境。他们心态乐观积极，充满正能量，也能感染身边的人，营造轻松愉悦的交往氛围。

在现实生活中，我们并不需要每时每刻都过于精明。古人云，凡事皆有度，过度犹不及。有的时候，太过精明就是愚蠢，太过强势反而会表现出脆弱且不堪一击的一面。常言道，水至清则无鱼，人至察则无徒。人生难得糊涂，做人难得迟钝。既然如此，我们何不审时度势，偶尔假装糊涂，以避重就轻呢？

【金句】

1.（朋友借钱）什么，你想向我借点儿盐？是不是你点的外卖太淡了？

2.（朋友借钱）什么，借盐？喏，给你，拿去随便用，可别倒多了，太咸。

3.（召开项目组会议）大姐，你可是我们项目的领头人，所有人都要团结在你的周围。

4.（被领导批评没眼力见）领导，我是那种不长眼的人吗？我怎么可能与您作对呢？

5.（被要求早早睡觉）现在才十点多啊，怎么就急着睡觉了呢？

6.（突然发现已经凌晨了）什么？已经十二点半啦。抱歉，我看书太投入了，没有留意到时间。我马上就睡觉。

7.（当被孩子问什么时候买房子）好孩子，你们要买房子给我和你爸住啊，可惜我和你爸没钱帮你们。

8.（孩子寄了钱孝顺爸妈）我和你爸爸的退休金就那么点儿，既要吃饭，还要吃药，就不够用了。你可真是个孝顺孩子，还要给我们寄钱。

9.（看着一片模糊的眼镜）干吗要把眼镜擦得那么干净，雾里看花不好吗？

10.（被人指责稀里糊涂）郑板桥说难得糊涂，我却天天糊涂，这就是幸福吧。

11.（当老婆要出门）老婆，你要去哪里啊，可别忘记带着我一起。

12.（主管说98，销售员故意重复68，促使客户抱着贪便宜的心理购买）什么？这双鞋子最低68块钱？

13.（当有人认为自己吃亏了）人生之中，除了生死，其他都不是大事，何必斤斤计较呢？

14.（当他人犯了错误）哦，你说得对，这件事情的确是你的责任，其实我不想追究你的责任。

3. 哈哈一笑，冰雪消融

【经典案例】

有一次，著名的相声演员侯宝林去美国进行访问。在记者招待会上，一位记者故意刁难侯宝林，问道："侯宝林先生，在我们美国，演员也是可以竞选总统的。例如，里根曾经是一名演员，后来当了美国总统。我不了解中国的情况，我想问问你，你作为演员，也能像里根这样做吗？"

侯宝林暗自思忖：这是个很难回答的问题，做出肯定的回答是不行的，给出否定的回答也是不行的。侯宝林沉思片刻，说道："哦，你可不能把我与里根相提并论。里根只是二流演员，我却是一流演员，我还是相声大师呢。"侯宝林避重就轻、风趣幽默的回答赢得了热烈的掌声，使记者再也无法继续刁难他。

【场景解析】

这个刁钻的问题似乎无论怎么回答，都会落入记者的圈套。幸好侯宝林很机智，面对突如其来的刁难，他运用幽默的语言、巧妙的回答令在场的人鼓掌叫好。从这件事情上，足以看出侯宝林作为相声大师，具有很强的应变能力，也能够驾驭语言化解尴尬。

在社交场合里，我们常常一不小心就会让自己陷入尴尬之中，还有可能被那些素质低下、缺乏教养或者怀有敌意的人故意刁难。每当这时，不要惊慌，而是要保持理性思考，斟酌如何组织语言才能摆脱困境。很多社交经验丰富的人，都有着聪明机智的头脑，也很善于踢皮球，或者避重就轻。有的时候，他们只需要寥寥数语就能反击他人，维护自己。

需要注意的是，在化解困境的过程中，要善于发挥幽默的能力，让原本沉重的气氛变得轻松活跃。在笑声中，很多问题都能迎刃而解。要想早日实现这个目标，我们要积极地投身于社交活动，主动与人交流，毕竟只有在游泳中才能学会游泳，也只有在社交中才能学会社交，更是在幽默中才能学会幽默。

【金句】

1.（打车去车站每人 50 元，行李免费）你好，请你免费帮我把行李送去火车站吧，我可以自己步行过去。

2.（讨论不劳而获）如果天上掉钞票，我当然会捡起，可惜天上连馅饼都不会掉。

3.（听说他人不切实际的想法）天还没黑，你怎么就开始做美梦了呢？

4.（你凭什么打我）我根本不想打你，是你逼着我打你的。既然骂你不管用，我也就不再隐藏文武双全的实力了。

5.（老师关心学生的脸受伤）老师，因为我昨天拿着不及格的试卷回家，所以我爸爸妈妈对我进行了男女混合双打，我以一敌二，只有招架之力，而无还手之力。

6.（当你不得不剩饭）既然你这么不客气，那么我也不客气了，把你剩下的面条给我吃吧。

7.（说起人生的无奈）人生就像铅笔，尖的时候被磨圆，好不容易磨圆了又该挨削了。

8.（说起关于颜值的话题）熊猫和猪都好吃懒做，熊猫靠脸被宠，猪靠吃被捅刀子。你虽然有想当熊猫的心，却没有能当熊猫的脸。

9.（说起成功与失败）成功者连放屁都有道理，失败者再有道理都是放屁。

10.（面对桌子上的粗茶淡饭）穷人吃青菜叫寒酸，富人吃青菜叫养生。

11.（离开商场的人群分流了）穷和富之间只相差一层楼，逛完商场，穷人按一楼，富人按负一楼。

12.（面对正在化妆的妻子）我说的五分钟到家，和你说的五分钟出门一样长。

13.（很犹豫是否买这么好的东西）这个东西真的很贵，除了贵，没有任何缺点。

14.（很犹豫是否买这么便宜的东西）这个东西真的很便宜，除了便宜，没有任何优点。

4. 无言以对，不如以幽默逗笑

【经典案例】

有一天，著名主持人林语溪去某个城市的体育中心主持大型晚会。很多观众都特别喜欢林语溪温婉知性，对林语溪的到来表示热烈欢迎。在林语溪的主持下，晚会的前半场进展顺利。到了后半场，林语溪在下台阶时，突然被绊倒，重重地摔在地上。当时，全场鸦雀无声，观众们震惊且同情的目光落在林语溪身上，仿佛正在默默诉说着对林语溪的心疼和关切。林语溪只有短暂的瞬间头脑空白，很快，她就恢复冷静。这时，工作人员赶紧上前查看杨澜的情况，询问她是否感到不适。

林语溪在众目睽睽之下从容地站起来，面带微笑地对观众们说："我生动地证明了'人有失足，马有失蹄'这句话是正确的。就在刚才，我为大家献上了我人生中的'狮子滚绣球'首秀，尽管我的表演还不够熟练，但是没关系，接下来的演出将非常精彩。如果不信，那就请您把目光转向大舞台吧。"林语溪的话音刚落，现场瞬间凝固的气氛立刻充满了欢声笑语，大家给予了林语溪热烈的掌声，也暗自钦佩林语溪的高情商和临场应变能力。

【场景解析】

作为知名主持人，当众摔倒无疑是一件尴尬且难堪的事情。但是，林语溪以自嘲式幽默成功化解了尴尬，且调节了现场的气氛，使观众们从担忧关心到发出善意的笑声，与此同时，林语溪赢得了观众的喜爱和敬佩。

在现实生活中，我们不可能始终顺遂如意，而是有可能遭遇尴尬，经历难堪。每当这时，不要紧张和慌乱，也不要以强硬的态度与他人争辩。最重要的是保持冷静，这样才能有条有理地思考，争取在最短的时间内想出妥善的办法摆脱困境。哪怕周围的环境特别安静，没有人发出任何声音，我们也可以自己给自己台阶下。如果周围人声鼎沸，还有些人说些别有用心的话，或者故意嘲讽侮辱我们，那么我们更要保持理性思考。语言，是人际沟通的桥梁，能够在心与心之间起到传递信息的作用，也带有一定的温度。我们要发挥语言的力量，以幽默消除他人的敌意，也以幽默帮助自己缓解尴尬。

如果没有幽默，那么人与人之间的摩擦系数就会极速飙升。反之，正是因为恰到好处地运用幽默，我们才能在沟通中释放内心的压力和紧张的情绪，让原本剑拔弩张的人际关系变得和谐温暖，也能够在彼此相视一笑的默契中建立良好的关系。

要想做到真正幽默，我们就要消除内心的紧张和敌意。打比方来说，面对他人挥舞的拳头，如果我们准备正面迎击，承受对方的力量，那么我们必然会对对方产生敌意，还有可能想出一些办法还击对方。由此，我们与对方的关系就会陷入冤冤相报何时了的恶性循环中。如果我们调整角度，让自己站在对方的身后，以悲天悯人的心态观察对方的行为，那么我们就不会有敌意。如果我们能够更进一步，站在对方的立场上思考问题，站在对方的视角上看待问题，那么我们就能包容和接纳对方，消除敌意。唯有如此，我们才能怀着轻松愉悦的心情与人相处，也发自内心地怀着善意，以幽默对待他人。

【金句】

1.（弄坏了书）抱歉，我一不小心弄坏了你的书。它会生气吗？

2.（被弄破了衣服）没关系，我反而要谢谢你呢，旧的不去，新的不来，我正好可以买一件新衣服。

3.（排名落后）虽然我这次排名落后，但是正因为如此，我在未来才有更大的进步空间。大家都等着看我获得最大进步奖吧。

4.（被嘲笑长得丑）可是我不自卑，相反，我很感谢我的这张脸，因为它使我看起来与众不同。

5.（自我调侃长得矮）难道你没听说过吗？命运总是公平的，我这么才华横溢，如果还长得又高又帅，那对别人也太不公平了！

6.（自我调侃是黑芝麻白面饼）没错，你一定吃过芝麻饼吧。你再仔细看看，我的脸那么白，再加上黑痣，看起来是不是像撒了黑芝麻的白面饼呢？

7.（被说脸蛋圆圆像馒头）我的脸就像松软的大馒头，以后，你饿了就看看我的脸。

8.（看见厌烦的人）我再也不想看见你，你却总是出现在我的面前。

你烦不烦啊？

9.（被他人嫌弃）既然如此，那就请你把眼睛闭上，再数落我吧。

10.（嫌弃他人话痨）我不介意和你坐在一起，只要你管好嘴巴。

5. 幽默的语言，魅力无穷

【经典案例】

有一天，爱因斯坦在纽约的街道上漫步，遇到了一位老朋友。这位老朋友显然没想到居然会在纽约遇见爱因斯坦，他兴奋地拉着爱因斯坦说个不停。良久，他们终于要分开了。老朋友对爱因斯坦说："你应该为自己购买一件新大衣，你身上的这件大衣已经很旧了。"爱因斯坦不以为然地说："哦，在纽约，除了你，没有别人认识我，我穿新大衣给谁看呢。"朋友知道爱因斯坦不修边幅，笑而不语。

几年之后，这个朋友又遇到了爱因斯坦。这时，爱因斯坦的名气越来越大了，看到爱因斯坦还穿着那件旧大衣，朋友再次提醒他："尊敬的爱因斯坦先生，你真的该为自己买一件新大衣了。"爱因斯坦还是不以为然地说："如今，我更没有必要买新大衣了，因为这里的每个人都认识我，我还有必要用新大衣打扮自己吗？"朋友被爱因斯坦逗得哈哈大笑。

爱因斯坦是一位伟大的科学家，却很擅长幽默。和他在一起说话，大家常常被逗得哈哈大笑。最初去普林斯顿大学任职时，助手询问爱因斯坦需要些什么东西。爱因斯坦说道："办公桌椅，还有纸和铅笔。"助手正要去准备，爱因斯坦又大声补充道："对了，我还需要一个大大的废纸篓。"

助手纳闷地问："为何要大大的废纸篓呢？"爱因斯坦笑着回答："因为我要把所有的错误都扔进纸篓里，如果纸篓太小，根本装不下。"助手恍然大悟，赶紧去为爱因斯坦准备大大的废纸篓。

【场景解析】

作为科学家的爱因斯坦，既有严谨的研究精神，也有幽默的表达风格。有心理学家指出，一个人要想具有独特的魅力，吸引他人，除了要具备那些重要的品质之外，一定要具有幽默的特质。在人际交往中，幽默的特质更能够给我们加分，第一时间帮助我们赢得他人的喜爱。

古人云，桃李不言，下自成蹊。这句话告诉我们，桃树和李树虽然不会说话，沉默无言，但是它们却拥有绚烂的花朵和鲜甜的果实，因而能吸引人们的关注，使人情不自禁地走到它们身边，在树下踩踏出一条小小的路。幽默的人如同桃树和李树一样，以幽默形成独特的魅力，吸引他人围绕在自己身边。

幽默的人情绪稳定，思维敏捷，聪明睿智，妙语惊人。哪怕置身于纷繁的场合里，面对那些各怀心思的人，幽默的人也能以幽默应万变，以独特的魅力保护好自己，成功赢得他人的喜爱和信赖。

【金句】

1.（别人七嘴八舌，自己没机会说话）我知道这件事情是怎么回事，你们都听我讲吧。我的嘴巴真的很着急。

2.（终于轮到我说话了）抱歉，说话需要排队，接下来轮到我发表意见了，请你耐心等待，好吗？

3.（介绍自己的职业）我是葡萄牙国王，我需要一份烤鸡。

4.（服务员面对国王）哇，您的工作可真特别啊。我每天招待的顾客里有医生、律师、教师、园艺师等等，我还从来没有招待过国王呢。

5.（考试没考好的孩子）我考了 76 分，但是我妈妈没有揍我，只用眼神刺杀了我。

6.（被妈妈揍了之后很羡慕别人的妈妈不打人）啊，你妈妈这么好啊。我考了 67 分，我妈妈请我吃了一顿"竹笋炒肉"，那滋味简直了，我到现在都屁股疼，还不能坐在板凳上呢。

7.（自我调侃买不起房子）现在的房子可真贵啊，很少有人能买得起，我就属于多数人。

8.（面对物质化的爱人）是啊，所以现在有情人的目标不是终成眷属，而是成为房奴，因为只有有房人才能终成眷属。

9.（总是失败）人们都说失败是成功之母，我想问问谁是成功之父呢？

10.（玩起"成功之父"的谐音梗）想找成功支付很简单，请你打开购物车，买下购物车里的所有东西，再输入支付密码，就能找到成功支付啦！

11.（被批评得了公主病）最可怜的不是得了公主病，而是没有公主命还得了公主病。

12.（被打趣是王子）你这不是明知故问吗？高富帅的男孩才是王子。

13.（面对人生的困境）人生不如意十之八九，还是等着剩下的一二吧。

14.（探求人生的好运气）我很悲伤地告诉你，人生不如意十之八九，剩下的一二是特别不如意。

15.（面对掉发的烦恼）你知道我的头发在哪里吗？我找不到它们了。

16.（面对家里到处都是的头发）当然知道，你的头发不是在衣服上，就是在枕头上，还有可能在洗澡间的下水道口堵着呢，总之就是没长在你的头上。

6. 幽默，是有技巧的

【经典案例】

大名鼎鼎的演讲家皮特即将在纽约演讲。当天下午，他决定先四处逛吃，消磨时间，以缓解演讲前紧张的心情。他走着走着，走进了一条小巷子，找到了一家小吃店。看起来，这家店的味道还不错。他走到一张餐桌旁坐下。服务生捧着菜单来到皮特的身边，彬彬有礼地问道："先生，您是第一次光顾我们店吧。"皮特点点头，说："是的，这里看起来很不错，食物一定特别美味。"

趁着皮特看菜单的时间，服务生说道："先生，您来的时机特别好，今天晚上著名演讲家皮特要演说，就在距离我们店不远的演艺厅。皮特的演讲特别精彩，您肯定会去听吧。"

皮特笑着点点头，说："当然，这样的机会很难得，我可不会错过。"服务生好奇地问："那么，你买到门票了吗？听说很贵，还很抢手。"皮特无奈地摇摇头，说："没有，我没有票。"服务生说："门票早就卖完了，我一个星期前下手都没有抢到，我准备站着听。"皮特夸张地叹了口气，说道："你偶尔总能抢到票吧，我才最可怜。每次那个家伙演讲的时候，我都只能站着听。"这个时候，皮特点了几种简单的食物，服务生拿到后厨下单。老板娘小声告诉服务生："你这个家伙可真幸运，你服务的顾客就是今晚要演讲的皮特呢。"服务生惊讶地张大嘴巴，良久才会心地笑起来，说道："看来，皮特先生不但是著名的演讲家，还是幽默大师呢。"

【场景解析】

作为著名的演讲家，皮特非但没有因为服务生有眼不识泰山而生气，反而顺着服务生的话，和服务生聊天，最终隐晦地告诉服务生他每次都只能站着听皮特的演讲。有了这样的铺垫，当老板娘告诉服务生那个顾客就是演讲家皮特时，服务生才会感到特别有趣，特别开心。

俄国大文豪契诃夫认为，不懂得开玩笑的人是绝望的，没有智慧的，也是令人感到乏味和无趣的，往往不受欢迎。而懂得开玩笑的人则不管走到哪里，都能传递快乐，使人开心。日本作家池田大作也认为，富有幽默感的人让人感到轻松愉快，乐于亲近。我们要学习一些幽默的技巧，发挥幽默的能力，为自己和身边的人带来快乐。幽默的技巧很多，例如上述案例中皮特所说的"站着听演讲"，其实是在暗示服务生他就是演讲者本人。

【金句】

1.（想坐在旁边的位置上）您好，请问您是一个人吗？

2.（想拒绝坐在旁边的人）谁说我是一个人，我有妻子，有孩子，我的家庭很幸福。

3.（发现有人被石头绊倒）哦，你跌倒了。石头怎么不长眼睛呢？

4.（安抚前来关心的家人）抱歉，亲爱的，我忘记躲开石头了。

5.（羡慕别人生了女儿）你可真幸福，有个贴心的女儿。她一定是最暖和的小棉袄吧。

6.（不想贬低自己的儿子）女儿是招商银行，儿子是建设银行，其实都离不开父母投资。

7.（当被妈妈怀疑早恋）妈妈，你觉得我们班级里有哪个男生值得我早恋呢？

8.（不小心打到了爸爸的秃顶）爸爸，很抱歉，我一不小心碰到了你的地中海。

9.（面对大龄单身的女儿）那么多女孩都能找到男朋友，为何偏偏你不能呢？你比别人差哪儿了？

10.（面对父母的催婚）我不是不想找男朋友，而是没有找到合适的男朋友，我还在拽着月老的红线到处找呢。

11.（他人说我说话太快）我说起话来如同连珠炮，很少有人能招架得住。

12.（面对说话太快的人）那可太好了，人们叫我"高射炮"，我总能一炮打响，让别人不知道接下来说什么。

7. 人人都要提升幽默感

【经典案例】

　　肯德基的创始人桑德斯上校很有幽默感。有一次，他乘坐飞机出行。有一位妈妈带着小小的婴儿一起乘坐飞机，也许是因为飞行不适，小婴儿始终哭闹不休。妈妈想了各种方法，乘务员也拿来各种零食、玩具帮忙，都不能让小婴儿安静。听着小婴儿的哭声，桑德斯上校询问那位妈妈："请问，我可以帮忙哄一哄小宝宝吗？"妈妈实在无计可施，只好把小婴儿交给桑德斯上校。

　　桑德斯上校把婴儿抱在怀里轻轻地左右摇晃，与此同时，他还含混不清地哼着歌儿。小婴儿也许是哭累了，也许是在桑德斯上校的怀抱里感到舒适安全，居然很快就睡着了。直到小婴儿睡熟了，桑德斯上校才把他还到妈妈的怀抱里。等到桑德斯上校回到自己的座位上时，与他相邻的乘客诚挚地感谢道："先生，谢谢您哄睡小婴儿，让我们终于可以安静一会儿了。"桑德斯上校礼貌地笑了笑，说："您不必感谢我，我不是为了我们才这么做的，而是为了小婴儿才这么做的，他一直哭一直哭得多累啊。"周围的乘客都发出了善意的笑声。

【场景解析】

　　幽默者有自己的逻辑。桑德斯上校不想让所有乘客都感谢他，因而才说自己是担心婴儿哭累了，为了婴儿才做好事。幽默者也有幽默者的情感，诸如桑德斯上校能体谅到婴儿的感受和情绪。

幽默，一定要言简意赅。细心的朋友们会发现，每个幽默者都语言精练，语气俏皮，他们往往能以只言片语战胜千言万语。在当下流行的脱口秀节目中，那些说脱口秀的人绝不会喋喋不休，而是以简单的几句话造就幽默的梗，让听众心知肚明，会心一笑。

现代人对感情的要求很高，即使产生分歧或者爆发冲突，也未必会直接争吵，更不会始终委屈和压抑自己。如果能以幽默的方式表达不满，既提醒他人下次注意，也宣泄自身的情绪，则能起到最好的沟通效果。在此过程中，一定要精心组织语言，让语言准确明晰、精练幽默，以免产生误解。

此外，还要提升幽默感。具体来说，首先要开阔思维，提升逻辑性。那些自我封闭的人很难发挥幽默，更不可能说出让人心动的话。其次要学会自嘲。在一些尴尬的情况下，自嘲反而能帮助我们消除尴尬和难堪，表现出我们强大的内心。再次要保持积极乐观的心态，不管面对什么事情，都能以发散性思维换一个角度，乐观地看待问题。最后，要认真观察，勤于模仿。没有人天生就擅长幽默，当意识到自己有些乏味无趣时，一定要用心观察幽默者的言行举止，从模仿幽默者到形成自己独特的幽默风格。

【金句】

1.（看到一个两米高的人）哇，你好高啊，得有两米了吧，快把屋顶戳穿了。

2.（被比自己矮的人仰视）其实，我不止两米，我有两米二高呢。每次站在人群里，我都觉得自己像是一根又细又长的小竹竿，天塌了都得先砸到我的头上。

3.（看到"大胃王"）你怎么吃得那么多，不撑吗？我都担心你会撑破肚皮。

4.（"反击"被评价为"大胃王"）我吃得已经很少啦，这都要感谢我最近没食欲，胃口不好，否则你家一整个电饭煲的米饭还不够我一个人吃的呢。

5.（火车慢吞吞的）老公，这列火车比蜗牛还慢，我们已经上车多长时间了？

6.（回应妻子抱怨火车开得慢）看到对面那个小伙子没有？我们上车的时候，他还是个孩子呢。

7.（屋子里冷飕飕的）这么冷的天，炉子怎么灭了呢，我要被冻成冰棍了，你快去生火吧。

8.（面对发火的妻子）你就算是发再大的火，也不能把炉子点燃。有这闲工夫，还不如去帮我劈柴呢，我生火还能快一些。

9.（菜肴太咸了）今天的菜好咸啊，食盐不要钱吗？

10.（回应放多了盐的抱怨）这你就不知道了吧，我今天抢劫了一个卖盐的，把抢来的盐都放到锅里啦。

11.（看到奶奶的笑脸）奶奶，你脸上的皱纹好多啊。你笑起来就像菊花绽放。

12.（有人说我的笑脸是盛放的菊花）哈哈，这可是世界上独一无二的菊花开在我的脸上呢。时间是最精巧的雕刻刀，在每个人的脸上都留下了岁月最琐碎的痕迹。

8. 信手拈来的幽默更可贵

【经典案例】

大学毕业后，鹏飞就进厂当技术员了。他住在工厂提供的职工宿舍里。那是一幢老旧的二层小楼，年久失修，摇摇欲坠，更糟糕的是屋顶漏雨。鹏飞几次三番找到相关部门，要求修缮宿舍，但负责人总是推三阻四，不是借口公司财务紧张，没有多余的钱，就是说漏水没有大碍，克服困难还是能住的。被搪塞的次数多了，鹏飞懒得再去找相关部门反映情况，一到下雨就把所有锅碗瓢盆摆好接水。

这天，公司领导来宿舍视察，关心单身职工。恰逢大雨，领导看到鹏飞居住的那个房间地面上摆放了八个盆和锅接水，当即勃然大怒，批评相关部门的负责人不作为。领导当着鹏飞的面问："小伙子，我向你说对不起，怎么能让你住在这样的房间里呢。你告诉我，漏水的情况到底怎么样？"负责人胆战心惊，生怕鹏飞抓住这个机会向领导告状。殊不知，鹏飞微微一笑，淡然地说道："领导，平时都不漏雨，只有下雨的时候才会漏，不过也不是天天下雨，所以情况还好吧。"听到鹏飞的话，领导忍俊不禁，说道："你在这么艰苦的住宿条件下还能幽默风趣，这么乐观，真让我刮目相看啊。"领导视察结束，负责人赶紧修缮宿舍楼，住在宿舍楼里的同事们纷纷感谢鹏飞争取到这项福利呢。

【场景解析】

趁着领导来视察，鹏飞如果大诉苦水，那么很容易给领导留下不好的印象，且会得罪此前几次三番推脱修缮房屋的负责人。鹏飞情商很高，以一句幽默的话告诉领导屋顶下雨就漏水，又正话反说告诉领导"也不是天天下雨，情况还好"。鹏飞越是表现得积极乐观，宽容大度，领导和负责人越是深刻反省，以最快的速度解决问题。这就是幽默的神奇魔力。

和那些刻意的幽默比起来，这种信手拈来的幽默看似波澜不惊，其实能起到更好的幽默效果。当事人往往云淡风轻地说出幽默的话，看似随意，未经雕琢，实际上这才是幽默的最高境界。需要注意的是，人并非天生幽默，幽默也不是某个人的专利和特权。任何人，只要愿意以轻松愉悦的态度接纳生活，就能够表现出幽默的特质。反之，面对生活，如果总是眉头紧锁，斤斤计较，那么我们必然顶着一张苦大仇深的脸，招人厌烦。

【金句】

1.（石老师摔倒了）石老师，你怎么摔倒了，我扶你起来。你不会摔坏吧，毕竟你是石老师啊！

2.（被表扬没摔坏）幸亏我是石老师，而不是土老师，否则这么摔一跤，我非得被摔碎了不可。从此以后，我就是名副其实的石老师啦。

3.（看到黑脸的小白）小白，你可真是人不如其名，你怎么这么黑啊。

4.（调侃自己很黑）你不知道吧，我妈妈生我的时候忘记开灯啦。

5.（被人说长胖了）我怎么越来越胖啊，我都快变成大胖猪了。

6.（安抚妻子不要怕胖）人们常说，肥狗胖丫装门面。媳妇，幸亏你长得越来越胖，我才敢带你回娘家。要是你自从嫁给我就变得越来越瘦，那我的老泰山肯定以为我虐待你了。

7.（感谢妻子给自己装门面）媳妇，胖点儿没关系，你可是老公的面子工程啊！

8.（感谢同事辛苦加班）小丁，你接连几天加班，如同陀螺一样连轴转，辛苦了。

9.（感谢领导挖掘出自己的潜能）领导，我不辛苦。我还要感谢您给我这个机会呢，否则我哪里知道人能三天三夜不睡觉啊。

10.（加班终于结束）领导，终于结束连续加班，您能让我回家大睡三天三夜吗？我的眼皮早就开始打架了，我严重怀疑我站在地铁上都能睡着。

9. 幽默是生活的调味剂

【经典案例】

经过三年爱情长跑，又克服父母的重重阻力，孙怡和杜伟终于步入了婚姻的殿堂。婚礼结束后，宾客们都离开了，孙怡迫不及待地对杜伟说："老公，从今以后，我和你就变成'我们'了。你记住，不管说什么，都不能说我的，而是要说我们的。"杜伟暗暗想道：有些东西不能说我们的，否则容易引起歧义啊。不过，看着孙怡兴致勃勃的样子，他没有反驳孙怡，而是当即答应下来。

晚上，杜伟洗澡，在浴室里待了很长时间。孙怡问他："老公，你在做什么呢，怎么这么久都没出来。"杜伟回答道："亲爱的老婆大人，我正在刮我们的胡子呢。你要不要来欣赏一下？"孙怡这才意识到凡事都说"我们的"的问题，当即完善了规则，说："以后，说咱们共同的东西，就说'我们的'，说我们各自单独所有的东西，就说'我的'，否则就乱套啦。"

【场景解析】

在很多家庭里，丈夫要牢记的两条原则是：第一条，老婆永远是对的；第二条，如果老婆错了，请参照第一条。显然，杜伟深谙此道，所以明知道孙怡的建议是有问题的，依然答应孙怡。等到合适的时机，例如刮胡子的时候，他特意告诉孙怡"我正在刮我们的胡子呢"，只是这一句充满幽默的话，就让孙怡意识到问题所在，因而当即修改和完善家里的表达规则。如果杜伟当即指出孙怡的建议不合理，那么说不定新婚夫妇还会因此而争辩，甚至吵架，破坏美好的氛围呢。

幽默是人际相处的润滑剂，幽默也是生活中必不可少的调味剂。我们要学习灵活地运用幽默的语言，为生活增加乐趣，让人际相处更加和谐融洽。在人际相处中，哪怕是与特别亲近的人交往，也难免产生矛盾，尤其是在家庭生活里，夫妻每天在同一个屋檐下生活，难免有牙齿咬到舌头的时候。有些职场人，还会因为工作不顺利而带着情绪回家，导致爆发矛盾和冲突。每个家庭有每个家庭的烦恼，最终的结果如何，关键取决于我们以怎样的态度和方式解决纷争，维护关系和感情。如果人与人之间恶言恶语相向，则必然导致关系破裂。如果人与人之间言语宽和，至少有一方很幽默，也懂得谦让，那么就会和和美美、其乐融融。

【金句】

1.（配偶没做饭）你是个大懒虫么，明知道我加班，连饭都不做。大懒虫也比你勤快。

2.（被老婆指责是大懒虫）老婆，我就算是个大懒虫，也是你养的大懒虫。

3.（被老婆指责什么都没做）老婆，你知道的，我炒菜实在太难吃了，我怕你嫌弃，就把米饭焖上了，还把所有的菜都洗净切好了，就等着你这个大厨掌勺呢。

4.（被妻子抱怨败家）咱家经济本来就紧张，你还买这么贵的手机，真是个败家子。你想喝西北风吗？

5.（解释买手机的原因）老婆，我知道咱家缺钱，但是我买手机不是消费，而是投资。

6.（承诺妻子会尽快赚钱）我换了个内存大的手机，和客户聊天再也不卡壳了。你放心，我下个月就把手机钱赚回来，再下个月给你也买一部新手机。

7.（孩子考试成绩很糟糕）你怎么才考了 62 分，你对得起自己每天起早贪黑、披星戴月辛苦上学吗？

8.（面对父母的批评，看到自己的进步）其实，我有进步。我上次是倒数第一，这次是倒数第二。你等着，我下次就给你考个倒数第三。

9.（我渴了想喝水）老婆，请你帮我倒杯水吧，厨房离我太远了。你知道吗？床以外的地方都是远方。

10.（当妻子抱怨不该选择丈夫）亲爱的，你眼瞎了找到我没关系，我可是打着灯笼才找到你的，所以不要怀疑，我的选择绝对正确。

11.（看到朋友变年轻了）朋友，咱们说好一起变老，你怎么还偷偷焗油了呢！

12.（当被质疑才华）告诉你，我的才华特别有重量，你要是不信，就看看我的体重秤吧。

13.（当被嘲笑太矮）我要感谢自己一米五的身高，因为所有人见了我都抬不起来头。

14.（当被嘲笑是家里最矮的人）你别瞧不起我一米五的身高，咱家最高的你儿子可是我生的呀！

15.（当被指责每时每刻都拿着手机）我可没有每天摸一百多次手机，我只是睡醒了拿起来，睡觉之前放下。

16.（和朋友调侃南方的湿冷）朋友，即使你在零下三十度的东北，也根本不知道南方有多么冷。

10. 化敌为友，离不开幽默

【经典案例】

宋凯是河南人，独自在北京打拼。这天傍晚，他突然接到堂弟的电话。原来，堂弟带着妻子和儿子来北京游玩，要来拜访宋凯。宋凯当即预订了饭店，先是陪着堂弟一家在饭店里大快朵颐。等到吃饱喝足，想到老家人最讲究回家待客，因而特意邀请堂弟一家去家里坐坐，喝点儿茶。宋凯真心诚意热情邀请，堂弟接受了宋凯的邀请。

宋凯刚刚打开家门，就有一个灵活的身影敏捷地蹿进屋子里，而其他人甚至还来不及反应。等到宋凯打开灯，只看到堂弟家的孩子正穿着鞋，站在他的沙发上蹦蹦跳跳，仿佛沙发就是最好玩的蹦蹦床。堂弟和弟媳瞬间满脸尴尬，呵斥孩子赶紧从沙发上下来，孩子却充耳不闻。宋凯一边心疼新买的沙发不好清洗，一边勉强挤出笑容。突然，他灵机一动，冲着孩子喊道："快来，叔叔给你拿冰激凌。"孩子还是又蹦又跳，喊道："叔叔，你拿给我吃，我不能离开太空。"宋凯转念一想，在沙发上蹦蹦跳跳的确有些像在太空里失重的样子。他计上心来，对孩子说："但是，外星人是不吃冰激凌的。你什么时候从太空回到地球，我们再吃美味的冰激凌吧。"孩子被冰激凌诱惑，赶紧从沙发上下来。趁着这个机会，宋凯找出了几个小玩具，让孩子坐在餐桌旁，边玩边吃冰激凌，孩子终于能安静一会儿了。

【场景解析】

招待小客人，远比招待大客人更难，因为小客人不懂得礼貌，常常任性妄为，也不会顾及很多事情，不知不觉间就逾越了做客的界限。当着父母的面，我们作为主人不能严厉地批评小客人。在这种情况下，幽默就派上了大用场。在上述案例中，宋凯让小客人从太空回到地球，这种幽默的、充满想象力的表达方式，恰恰迎合了小客人的心理，满足了小客人的需求，也避免了小客人的父母感到尴尬和难堪。

从表达的角度来说，宋凯的幽默并不高明，只是把沙发比喻成太空，把地板比喻成地球。然而，这种幽默的表达方式让孩子感到很新奇，对孩子产生了强大的吸引力。需要注意的是，使用幽默的表达方式化敌为友，首先要从心里消除敌意，不要与对方对抗或者对立。一旦怀着敌意，幽默就会灰飞烟灭。消除敌意之后，我们还会减轻攻击性，掩藏锋芒。人与人之间的关系总是相互的，当我们友善热情地对待他人，他人也会以同样的方式回馈我们。要想做到这一点，我们必须拥有宽容博大的胸怀，也要努力保持情绪稳定。

【金句】

1.（迟迟没人来修水管）我家水管坏了，你却姗姗来迟。你看看我的孙儿们吧，假如你再晚来一阵子，他们就要学会游泳了。

2.（孩子坐到桌子上了）孩子啊，你怎么不上天呢？桌子是用来吃饭的，把屁股坐到桌子上可不好。

3.（看到对方很惬意地斜靠着）看到你在沙发上葛优躺，我也想坐着，躺着，或者趴着。

4.（等待很久）我等到花儿都谢了。

5.（等得困倦了）你要是再不出来，我就要睡着了。

6.（等到很久之后）以后，你还是把时间预估得准确些吧，你知道等人的滋味是最难受的，尤其是遥遥无期的等待，我都快在这里坐成望夫石了。

7.（被人憎恨）你恨我，抱歉，我与你恰恰相反。

8.（哪怕被人讨厌）你讨厌我，我却觉得你既聪明又可爱，还善良热情，特别适合当朋友。

9.（当见识到朋友的八万个心眼子时）抱歉，我不想和你当朋友，因为我有密集恐惧症，而你的心眼太密集了。

10.（看着照片里的自己）人们都说不当家不知柴米贵，我只想说不拍照不知自己肥。

11.（看着尴尬的现状）命运的齿轮还没有开始转动，但是我的人生已经开始掉链子了。

12.（看着满桌子的美食）我特别有爱心，喜欢小动物，例如烧鸡、烤鸭、水煮鱼……

第五章
学会拒绝说不行，
善待他人放过自己

　　在人际交往中，有些人过于善良，面对他人的不情之请，自己明明感到很为难，心有余而力不足，却不好意思拒绝。如果勉为其难地答应他人的不情之请，那么会使自己陷入进退两难的困境，最终导致事情变得特别糟糕。我们要学会拒绝他人，对他们说不，这才是保护自己的最佳方式。对于那些无意间伤害我们的人，我们则要宽容对待，因为善待他人就是放过自己。与其让心中充满仇恨，何不怀着温暖和善意拥抱生活呢。

1. 拒绝的首要原则，顾全他人颜面

【经典案例】

在担任美国总统之前，罗斯福担任美国海军部长助理。这个职位非常重要，工作内容涉及国家安全和国家机密。罗斯福始终牢记安全守则，绝不向任何人透露关于国家的重要消息。有一次，好朋友特意联络罗斯福。原来，他想从罗斯福嘴里套取军事信息，打探清楚海军在加勒比海的某个岛屿建造潜艇基地的计划。在当时，这可是国家机密，涉及军事安全。面对好朋友委婉的提问，罗斯福的警惕意识很强，当即意识到好朋友想打探消息。碍于多年的交情，他又不好意思直接拒绝对方。

思来想去，罗斯福故作神秘地靠近好朋友，还假装警惕地左顾右盼，最后才压低声音附在好朋友的耳边，问道："你能向我保证，绝不把我透露给你的消息告诉任何人吗？"好朋友毫不迟疑地点点头，斩钉截铁地保证道："当然，我保证！"罗斯福露出如释重负的笑容，顷刻间坐直身体，说道："咱们可真不愧是好朋友啊，我和你一样也能做到守口如瓶。"好朋友这才意识到自己中了罗斯福的圈套，不过他因此理解了罗斯福的用意，忍俊不禁笑起来，丝毫没有埋怨罗斯福。

【场景解析】

人人都有好奇心，哪怕是对与自己不相干的事情，有些人也会出于好奇而想方设法地打听。一旦得知消息，他们马上就会忘记自己保守秘密的承诺，以各种方式泄露秘密，仿佛获悉秘密是一件值得骄傲的事情。罗斯福当然知道保守秘密的最好方式，就是永远把秘密封存在自己的肚子里，不要告诉任何人。正因如此，他才会拒绝好朋友的请求。为了保全好朋友的颜面，他没有义正词严地拒绝，而是先询问好朋友能否保守秘密，引导好朋友换位思考，理解和体谅他。

反之，如果罗斯福特别严肃地批评朋友，拒绝朋友的请求，那么朋友一定会觉得丢了面子，因此对罗斯福心生嫌隙。由此可见，在顾全他人颜面的情况下，只有委婉地拒绝他人，才能维护与他人的良好关系。现实生活中，对于那些常常厚着脸皮，向我们提出不情之请的人，我们无须顾虑重重。毕竟当对方无底线地向我们提出过分要求时，就意味着他们并没有把我们当成真正的朋友，更不曾站在我们的立场上，为我们考虑周全。

【金句】

1.（亲戚想对调房子）堂哥，你家房子位置真好，距离医院也很近。不过，我家房子离学校近，孩子上学方便，所以我不想和你对调。

2.（亲戚想来家里借宿）老弟啊，我家是建筑面积60多平的小两居，连打地铺的地方都没有，真的没法招待你。

3.（亲戚想求一份工作）舅舅，我虽然是部门主管，但是真的没法帮表妹安排工作。我心有余而力不足啊。

4.（奶奶偏心弟弟妹妹）奶奶，其实农村生活有农村生活的好，弟弟妹妹在农村，只要踏实肯干，日子总会好起来的。您倒是应该担心我，我这么大了还在城市漂着呢。

5.（被要求做出重大决策）很抱歉，这件事情我需要和家里人商量商量，我会尽快给你答复的。

6.（当有可能扰乱高三孩子的正常作息时）小姑，我不是不想帮你，实在是爱莫能助。你也知道，杨洋马上就升高三了，高考是我家目前唯一的大事。

7.（当被领导器重时）领导，我特别感谢您对我的厚爱和器重，但是，我不能自不量力。

8.（当被领导委以重任时）我很清楚自己的能力根本不足以胜任这件事情。请您另请高明吧。

9.（当被指责没有担当时）再给我一些时间成长和进步，将来我会主动请缨承担重任的。

10.（当被投诉时）您好，很抱歉给您带来不好的体验，请问您想如何解决这个问题呢？我们一定会配合的。

11.（当被原谅时）我知道您向来宽容大度，但是，我不能原谅自己。

12.（当被他人干涉私生活时）这件事情，您还是袖手旁观吧，毕竟清官难断家务事。

13.（当不得不拒绝他人时）没有人愿意被拒绝，也没有人想拒绝他人，请您谅解我。

14.（当被寄予厚望时）我很害怕不能担此重任，会让您失望。

2. 拒绝的最高境界——自在

【经典案例】

东汉时期，著名学者杨震不但才学过人，而且清正廉洁。他前半生教书育人，桃李天下，直到年过半百才步入仕途。在担任荆州刺史期间，杨震很欣赏满腹才华的王密，因而向朝廷举荐王密担任昌邑县令。

后来，杨震赴任东莱太守时途径昌邑。得知这个消息，王密亲自去郊外迎接杨震。在王密心里，杨震不但是他的恩师，更是对他有知遇之恩和提携之情的贵人。师生见面情真意切，相聚一堂，仿佛有说不完的话。王密不知道如何感谢杨震，决定送上最贵重的谢礼——黄金。当然，他知道杨震品行高洁，为官清廉。为了避人耳目，他特意深夜拜访杨震，真挚地说："恩师，为了报答您的栽培之恩，我准备了一份小礼物，请您一定要收下。"

杨震大失所望，看都不看礼物，悲痛地说："我知故人，故人却不知我呀！我是因为看中你的学识才举荐你的，你这么做岂不是让我失望吗？你要是想报答我，就爱护百姓，廉洁奉公，为国家效力。"

王密当即打开礼物，把金灿灿的黄金呈现在杨震面前，又对杨震说："大人，我知道您爱惜羽毛，所以等到夜深了才送来。这是十斤黄金，您尽管放心收下，绝对不会有人知道这件事情的。"

杨震义正词严地说："怎么会没有人知道呢？天知，地知，你知，我知！"看到杨震神情严肃，火冒三丈，王密这才感到惭愧，赶紧带着黄金离开了。

在后来为官的生涯中，杨震官运亨通，平步青云，但是不管在哪里做官，他都奉行清正廉洁的原则，绝不接受任何人送的礼物。在他的言传身教之下，他的子孙也都过着简朴的生活。有些亲朋好友劝说杨震要留些家产给子孙后代，杨震却说："我不爱惜钱财。我能留给子孙的最好礼物，就是世人对我的赞誉，说他们是清官的后代。这岂不是最好的家产吗？"

【场景解析】

杨震作为清官，从不接受任何礼物，王密自觉与恩师惺惺相惜，所以才会趁着深夜给恩师送去十斤黄金作为礼物。这可不是小礼物，而是一份非常贵重的礼物。然而，杨震哪怕欣赏王密，也愿意向朝廷举荐王密，却并没有为了王密而放弃做人为官的原则。

对于给恩师送礼这件事情，王密自认为做得非常隐秘，绝对不会有人知道，毕竟夜深人静的时候大家都已经睡了。但是，杨震却说这件事天知、地知、你知、我知。可见，杨震并非为了怕被泄密而不敢接受礼物，而是他做事但求无愧于心，做官更是有自己的原则和底线。因此，他能够义正词严地拒绝王密，真正做到问心无愧。因为大公无私，他还趁此机会向王密提出了要清正为官、报效国家和爱护百姓的要求。这完全符合他的心愿，即留给子孙最好的家产——清官的后代这个赞誉。

【金句】

1.（当亲戚要求租住我们的房子时）姗姗，你说租就见外了，我只能把房子借给你住，不能把房子租给你住。

2.（当朋友向我们借钱时）哥们儿，我当然愿意帮你，不过我正在看房，可能很快就需要用钱，你能随时把钱还给我吗？

3.（当亲戚找我们求职时）大姨，我们公司只招本科生，要不您让表哥先去提升学历吧。

4.（当出借房子时）我把房子借给你住，唯一的条件就是，当我需要收回的时候，你在三天之内把房子交还给我。

5.（当同学请我帮他写作文时）亲爱的同学，我可以帮你写作文，但是不能帮你考大学。

6.（当同事请我帮忙加班时）非常对不起，我今天帮不了你，我约了妈妈一起吃饭。

7.（当能力不足时）关于这件事情，我真的爱莫能助，你可以问问小柳能不能帮你。

8.（当心有余而力不足时）我知道你帮过我很多，我也愿意涌泉相报，只可惜我实力不允许啊。

9.（拒绝领导的加班要求）领导，我很想留下来加班，但是我家孩子发烧了，我要带孩子去医院。

10.（被他人求助时）我能力有限，帮不上别人什么忙，所以也很少向别人开口。

11.（被指责不愿意帮助别人）我做人的原则就是不给别人添麻烦，偏偏有些人最爱给别人添麻烦。

12.（需要他人配合时）这件事情其实很简单，就看你愿意不愿意配合，根本不需要我做什么。

13.（拒绝别人送奶茶）在这么寒冷的冬天里，谁能拒绝一杯温暖的奶茶呢？那一定是我。

14.（拒绝别人用金钱诱惑）我的确很需要钱，但是我不能要来路不明的钱。

15.（拒绝收礼）这个世界上从没有不透风的墙，我不相信有谁能真正守住秘密，所以最好的选择就是不做违背良心的事情。抱歉，我帮不了你。

3. 先发制人，让拒绝免于出口

【经典案例】

转眼之间，又到了高考季。在忐忑不安中，成绩出来了，几家欢喜，几家忧愁。大多数人家都为孩子落榜而忧愁，唯独老吕喜忧参半。他喜的是孩子考出了高分，能进入985院校继续读书；他忧的是要为孩子准备至少两万元钱，作为第一年的学费和生活费。对于贫寒的农民家庭而言，两万元钱可是一笔巨款。思来想去，老吕决定去妹妹家碰碰运气。

老吕来到妹妹家，妹妹赶紧准备晚饭，让妹夫陪着老吕喝茶聊天。老吕不好意思向妹夫张口，几次走到厨房门口，想私底下和妹妹商量，妹妹却不由分说地把老吕推出厨房，说道："哥，你去客厅喝茶，厨房里炒菜做饭油烟大，熏人。"好不容易等到妹妹做好饭菜，一家人都围坐在餐桌旁，不等老吕开口，妹妹就感慨道："哥哥，我现在还记得咱们小时候的样子，你经常背着我去学校。那时候，哥哥的后背就是世界上最温暖的地方。一转眼，咱们都老了，咱们的孩子都长大了。我家镇北前段时间相亲了，女孩身材样貌都不错，正准备这段时间定亲呢。哥，你是不知道现在娶个媳妇要花多少钱，没有二三十万下不来。我呀，愁得整夜睡不着觉。"妹妹的一番话让老吕彻底打消了开口的念头。

【场景解析】

在这个案例中，姑姑当然早就听说侄子考上大学的事情，也猜到了哥哥来家里的用意。为了避免拒绝哥哥，她先是让丈夫陪着哥哥喝茶，继而又在吃饭时先发制人，告诉哥哥自己正在为儿子娶媳妇发愁呢，资金缺口比侄子上大学更大。如此一来，老吕就算缺钱，也不好意思向妹妹借钱了。毕竟上大学是大事，娶媳妇也是大事呢。

真正的聪明人善于揣测他人的用意。当得知他人的想法后，如果有能力帮助对方，自然要慷慨解囊；如果没有能力帮助对方，又不好意思拒绝对方，那么最好赶在对方张口求助之前，先诉说自己的困难，打消对方求助的念头。如此一来，双方都能避免尴尬。

【金句】

1.（有求于人）小美，我们自从大学毕业已经有五年没联系了。你是上天派来帮我的吗？

2.（哭穷）哥们儿，我可真羡慕你在大城市里工作，拿着高薪，哪里像我们啊，工资少得可怜，每个月都入不敷出。

3.（拒绝他人的求助）今天晚上我特别忙，连吃饭的时间都没有。

4.（表明自己的难处）我和你一样一穷二白，哪怕想帮你也是心有余而力不足。

5.（拒绝继续扮演假的女朋友）抱歉，我真的不能再假扮你的女朋友了，因为我有男朋友啦，你还是找别人帮忙吧。

6.（老板拒绝员工透支薪水）我理解你的难处，但是如果人人都来预支工资，我真的要破产了。

7.（拒绝同事继续求助）小敏，我今天最后一次帮你值班，以后我必须按时下班陪女朋友了。

8.（拒绝领导安排加班）领导，你也知道我是大龄剩女，我必须按时下班去相亲啊！

9.（拒绝妈妈的亲情绑架）妈妈，我的确是家里的老大，要照顾弟弟妹妹，但是我不能牺牲自己。

10.（食不下咽时）要是有山珍海味，谁愿意吃糠咽菜啊，这实在是生活无奈啊！

11.（拒绝继续做出让步）对于这次合作，我们有十足的诚意，却没有赔钱的资本。

12.（表达无能为力的心情）我愿意帮助你，如果我有能力的话。但是，你也看到我的现状了。

13.（主动承担责任）这次工作失误是我的主要原因，不过大家还是需要承担责任。

14.（拒绝春节调班）春节假期，我已经抢到了回家的火车票，大家找别人帮忙值班吧！

4. 善意的谎言，也是拒绝的好方法

【经典案例】

小时候，志新的家里特别穷，连吃饱饭都很难。每次做好饭，妈妈总是招呼四个孩子先吃，把黏稠的稀饭都盛给孩子，自己只喝一些稀的。孩子们狼吞虎咽，一碗稀饭很快就见底了，妈妈还会把自己碗里的稀饭分给孩子。志新是老大，他总是担忧地问妈妈："妈妈，你不饿吗？"妈妈笑着说："不饿，妈妈不饿。"后来，志新也学着妈妈的样子，把碗里的饭分给弟弟妹妹。

每到周末，志新就带着弟弟妹妹去河里摸鱼抓虾。有的时候，他们运气好，收获颇丰，居然能捉到很多小鱼小虾呢。每当这时，全家人就都有口福了。妈妈心疼志新，特意给志新捞了一碗鱼虾，说道："志新，你正在长身体，多吃点儿。"志新假装嫌弃的样子，把碗里的鱼虾倒一半给妈妈，说："妈妈，河里的鱼虾腥气，吃多了恶心，给你一些。"妈妈想推让，志新却不由分说地按住妈妈的手，说道："妈妈，你快吃吧，不吃就只能倒掉了，弟弟妹妹的足够吃了。"看到志新这么坚决，妈妈默默地感动着，小口小口地把碗里的鱼虾吃光。

【场景解析】

我们无从知道妈妈是否识破了志新的谎言，但却能在妈妈和志新的善意的谎言里，看到他们对家人浓浓的、真挚的爱。在很多穷困的家庭里，妈妈喜欢撒谎，她们用善意的谎言把吃的留给孩子，赚钱给孩子缴纳学费。在很多孩子的心目中，妈妈是超人，不饿、不累、不困。直到有一天，孩子长大了，也开始以此种方式拒绝妈妈的付出，默默地给妈妈更多的关爱。

我们除了可以用善意的谎言拒绝家人的关爱和付出，还可以用善意的谎言拒绝他人的不情之请。在这种情况下，谎言不是恶意的，而是善意的，哪怕是为了拒绝他人才撒谎，也是为了维护对方的颜面，让对方有台阶可下。有的时候，善意的谎言还能帮助我们消除与他人之间的误解，减少一些不必要的麻烦。

【金句】

1.（接到儿子寄来的钱）幺儿，你别给我和爸爸寄钱了，我和爸爸不缺钱花。

2.（春节妈妈要寄年货）妈妈，我春节被派到国外出差，要过一个洋气的春节了。你千万别给我寄年货。

3.（拒绝火锅底料）马姐，我家不爱吃辣，这么好的火锅底料送给我们就浪费了。

4.（拒绝异性相送）宇哥，谢谢你要送我回家，不过我男朋友会来接我的。

5.（拒绝妹妹的爱情）小雅，我一直把你当小妹妹，我已经有女朋友了。

6.（朋友来借钱时）张飞，我愿意借钱给你用，只可惜你晚了一步，我媳妇把钱借出去了。

7.（朋友来借车时）实在对不起啊，我老婆给我下了死命令——车和老婆概不外借，否则她就和我没完。

8.（吃到妈妈牌的饺子时）阿姨，这个饺子可真好吃啊，是妈妈的味道，你能教我怎么调馅吗？

9.（解释隐瞒的理由）我之所以向你隐瞒这件事情，是怕你着急。

10.（解释不想出国的理由）我很害怕不能陪在你的身边，所以我不想出国了。

11.（减轻对方的心理负担）其实，我不是不想出国，只是不符合出国手续，以后我们就可以长相厮守了。

12.（当爸爸安排身后事时）爸爸，医生说你的病情很稳定，你先不要急着安排财产。

13.（拒绝朋友送的衣服）思琪，我穿这件衣服不合适，你还是留着自己穿吧。

14.（给远方的妈妈打电话报平安）妈妈，我们公司待遇特别好，包吃包住，工资根本花不完，你别担心我了。

5. 歧义拒绝，揣着明白装糊涂

【经典案例】

最近，部门主管生病了，下属们争先恐后地去医院探望。主管当然知道，下属们都是想借着这个机会和他套近乎，以便在某些时候得到他的鼎力支持。然而，每天病房里的探视者川流不息，络绎不绝，不但主管不能好好休息，而且同病房的其他人也颇有意见。尤其是反复听下属说那些安慰的话，主管仿佛吃了肥腻的红烧肉一样，感到有些恶心反胃。

这天傍晚，又有一个下属打电话给主管，说道："主管啊，你的身体恢复得怎么样了？其实，我前几天就想去医院看你，但是怕打扰你休息，影响你伤口愈合，就又等了几天。我明天就去看你吧。"主管当即说道："额，我身体恢复得挺不错的，但是我做手术的部位是实在不方便见人啊。所以，咱们还是等到我恢复健康，正常上班时再见面吧。"下属冰雪聪明，当即领悟到主管的意思，在微信里表达了自己的关切之情，没去医院叨扰主管。

【场景解析】

其实，下属说的意思是去医院看望主管，主管却故意错误理解，将其理解为看自己动手术的部位，因而以"动手术的部位不方便见人"为由，拒绝了下属。这就是典型的歧义拒绝。下属当然知道主管是以这样的方式拒绝他，因为他并不想亲眼看到主管动手术的部位，但是他领悟到主管的意思，揣着明白装糊涂，配合主管接受拒绝，最终皆大欢喜。

所谓歧义拒绝，指的是在人际交流中，当对方提出建议或者请求时，我们以委婉的方式拒绝对方，这样既能保全对方的颜面，也能避免直截了当地拒绝给对方带来伤害，或者造成困扰。在使用歧义拒绝的方法时，表达一定要委婉，与开门见山的拒绝要使用明确的语言表达截然相反的是，歧义拒绝要使用含糊的表达方式，以不确定的词语回应对方的请求。必要的情况下，还要故意拖延时间，让对方主动领悟到我们拒绝的意思，或者提供可替代的、具有可行性的方案，让对方知道不是非我们帮忙不可。通常情况下，歧义拒绝适用于社交场合、家庭生活和工作场合中。

【金句】

1.（无法预知明天的事情）我不知道明天有没有事情，所以不能答应帮你值班。

2.（拒绝考虑别人）除了你之外，我暂时没有更好的人选，所以不能考虑别人。

3.（含糊其词回答问题）我无法回答你这个问题，因为谁也不知道明天和意外哪个先来。

4.（拒绝贵重礼物）我很喜欢你送给我的书，谢谢你，但是我不能接受其他贵重礼物。

5.（拒绝他人做的饭菜）你做的菜真的很好吃，但是不合我的胃口。

6.（拒绝他人的请求）很抱歉，我必须请示上级才能决定这件事情。

7.（表达不能继续合作的遗憾）我当然愿意和你携手共进，毕竟我们已经合作三年了。只可惜条件不允许。

8.（说服对方一起合作）我们彼此了解，志同道合，有着共同的奋斗目标，我想不出还有谁比你更适合成为我的合作伙伴。

9.（拒绝做出评价）关于是非功过，我想还是留给后人评说吧，时间会做出最好的裁定。

10.（询问对方的需求）我当然愿意帮你，你是想让我帮你值班，还是想让我帮你处理文件？

11.（暗示只把妹妹当妹妹）你是我的妹妹，我当然要对你好啦。以后，我的女朋友也会对你好的，因为爱屋及乌嘛。

12.（拒绝一醉方休）朋友明天就要远走，请干了这杯酒——只可惜我酒量不好啊！

13.（被公司炒鱿鱼）人外有人，天外有天，公司之外还有公司，我不需要在一棵树上吊死。

14.（拒绝被他人逗笑）这就是你说的"幽默"吗？我不觉得这有什么好笑的。

6. 抬高他人，减少拒绝的伤害

【经典案例】

最近，公司里的工作任务特别繁重，各个部门都在加班加点，大家都很疲惫。周五傍晚，陈经理特意叫来刘峰，说道："刘峰，最近辛苦了，一直在加班。等到完成这个项目，我一定好好请大家吃一顿，再争取给大家多发一些奖金。"刘峰开心地说道："陈经理，您太客气了，这些都是我们的本职工作。况且，只有咱们部门越来越好，每个人才能越来越好。大家都是在为自己的前程拼搏。"

刘峰话音刚落，陈经理脸上就露出了笑容。显然，他对小刘的回答很满意。他对小陈竖起大拇指，说道："小刘，你年纪轻轻就有这么高的觉悟，将来前途不可限量啊。我决定派你去与王总谈判，这个周末你先与王总初步接触下，培养培养感情吧。你可以陪他打高尔夫。"小刘为难地说："但是，陈经理，我不会打高尔夫啊。我连羽毛球都打不好。我知道王总是我们特别重要的大客户，还是您去和他谈判吧。您见多识广，会打高尔夫，也游览世界，能与王总说到一起去。如果让我去和王总接触，那肯定会像乡巴佬和贵族交朋友，轻则被嘲笑，重则被嫌弃。"

刘峰这一番拒绝的话说完，陈经理虽然有些失望，却丝毫没有生气。沉吟片刻，他说："刘峰，你考虑得还是很周到的，你说的这些困难也是实际存在的。这样吧，我亲自招待王总，不过你可以跟着学习，也学一学打高尔夫，如何？"刘峰连连点头，说："谢谢陈经理给我这个机会，我一定好好学习。"

【场景解析】

陈经理原本想委派给刘峰一个重要且艰巨的任务，刘峰自知不能胜任，又担心直接拒绝会让陈经理没面子，因而以抬高陈经理的方式，委婉拒绝了陈经理，与此同时还赞美了陈经理，让陈经理特别开心。陈经理很赏识刘峰，邀请刘峰跟他一起招待王总，这样一来，刘峰既能学习高尔夫，又能提升业务能力，可谓一举两得。

很多人都不好意思张口求人，生怕被拒绝，等到角色转换，被他人求助，需要拒绝他人时，更是感到为难。这是因为拒绝他人要讲究方式方法，既不要伤害他人的颜面，又要起到拒绝的作用，必须把握好时机和分寸，才能让拒绝恰到好处。

要想做到友善拒绝他人，最好的方法无外乎抬高他人。以抬高他人的方式拒绝他人，尤其适用于拒绝那些我们尊重且不想伤害的人。例如，下属拒绝上司，孩子拒绝长辈，都可以采取抬高拒绝法。在拒绝的同时，我们还可以赞美他人，给他人戴高帽子，贬低自己，表示自己与对方相去甚远，还要继续努力和学习。试问，谁听到这样的话不会感到开心呢？哪怕被拒绝，也依然很开心，这正是抬高拒绝法的独特魅力所在。

【金句】

1.（拒绝舍友借钱）大小姐，你可是我们宿舍最有钱的，哪里需要向我这个村姑借钱啊。

2.（说明自己很穷）你知道的，我每个月的生活费只够吃馒头咸菜，偶尔吃个素菜就算是改善生活了，哪里有钱借给你啊！

3.（表明自己有心无力）我很愿意帮你完成工作汇报，但是我对你的工作一无所知啊！

4.（求助之前先抬高他人）组长，我觉得你适合代表全组汇报工作，因为你是我们的"外交官"。

5.（贬低自己拒绝领导）领导，我从小写作文就像挤牙膏，根本不可能完成这篇两千字的演讲稿，您还是亲自操刀吧。

6.（捧高才女）你还是亲自撰稿吧，你可是大家公认的才女啊。

7.（夸张说法抬高他人）你文思敏捷，语言风格平实朴素，简直是写发言稿的首席作家呢。

8.（自曝短处拒绝老师）老师，你知道的，我是马大哈，平日里自己做试卷都粗心大意，怎么能帮您批改试卷呢？

9.（求饶）领导，您大人有大量，就不要和我计较了。

10.（表扬）古人云，知错能改，善莫大焉。你最大的优点就是善于自我反省，积极改正错误。

11.（担忧）其实，我倒是不怕累，毕竟这么早回家也很无聊，我主要是担心给您脸上抹黑。

12.（赞美）这件衣服真的特别符合您的气质，人靠衣裳马靠鞍，其实好衣服也需要人来搭配呢。

13.（夸赞）放眼全校，您是资历最老的。

14.（抬高他人）俗话说，杀鸡焉用牛刀，您还是把这件小事交给我吧。

7. 拒绝，需要更大胆一些

【经典案例】

作为一名房地产经纪人，老宋已经从事销售二手房行业二十年了，是不折不扣的元老级员工。在胜任管理岗几年之后，为了方便接送孩子上学放学，老宋主动辞退管理岗的工作，回到一线从事销售工作。和年轻同事相比，他很佛系，也有底气。老宋经验丰富，业绩出色，经理特意安排了几个新同事拜老宋为师，跟着老宋学习如何和客户打交道。

老宋的徒弟王佳新联系上一个客户。这个客户明确表示要看四居室的、总价大概五百万的房子。王佳很激动："这可是个大客户啊，我一定要促使客户成交。"接连好几天，王佳都乐此不疲地带着客户看房，把周围小区符合客户需求的房子全都看了个遍。最后这天，客户挑选出三套房子要复看。王佳赶紧对老宋说："师父，我的客户八九不离十了，今天要复看三套房子。我担心自己搞不定，请您和我一起带客户看房吧。"

老宋和王佳一起来到小区门口，不一会儿，客户就到了。很快，一行人看完第一套房，朝着第二套房走去。路上，客户突然对王佳说："王佳，我觉得你人很好，我很想通过你买房子。不过，你们公司的代理费太贵了，五百万的房子收取 2.4%，需要十几万呢。你看这样行不行，你私下帮我成交，我给你两万元钱作为酬金。"

王佳还从来没遇到过这样的情况呢，他支支吾吾地，不知道该如何直接拒绝客户，又担心得罪客户，鸡飞蛋打，只好求救地看向老宋。老宋微笑着不卑不亢地对客户说："先生，一段时间相处下来，我相信您能感受到我们公司是很正规的，从业人员的素质也很高。至于代理费问题，我可以为您申请最大限度的折扣，让您按照 2% 缴纳。至于私下买卖，这在任何公司都是绝对不允许的，一经发现就会被开除。您也知道，如今找工作不容易。您别说给王佳两万元钱，就算给他二十万元钱，他也不能靠着这二十万元过一辈子，对吧？所以，您觉得他会为了这笔钱让自己被全行业封杀吗？"老宋话音刚落，客户脸上就现出羞愧的神情，讪讪地说："你这么说也有道理。"老宋继续说道："您放心，我们公司的代理费贵，肯定有贵的道理，我们会承担担保作用，为您办理好一切手续，直到您顺利入住新家的。我有把握为您申请到 2% 的缴费标准，请您放心。"

【场景解析】

对于二手房销售人员而言，经常会遇到为了省钱想私下成交的客户，正如老宋所说的，客户承诺的酬劳并不足以让销售人员衣食无忧地度过一生，因而不管客户承诺给多少钱，销售人员都不该受到诱惑，铤而走险。

当老宋不卑不亢地拒绝客户，也告诉客户其中的利害关系时，客户自然能理解任何销售人员都不会为了一笔小钱而在行业里败坏名声，甚至被行业封杀。由此一来，也就彻底断绝了客户想私下成交的念头。此后，再详细告诉客户，公司提供的各种服务承诺和担保，客户也就愿意以昂贵的价格购买优质的服务，确保几百万的房屋交易安全了。

与人相处，当他人提出不情之请时，我们无须过于顾及对方的面子和感受而委屈和压抑自己。在应该拒绝的时候，我们就要直截了当、准确无误地拒绝他人，切勿含糊其词，吞吞吐吐，容易给他人留下希望，使他人产生非分之想。拒绝他人，勇敢说不，既是我们真性情的表现，也是我们为人处世的原则和底线，这是不可侵犯的。

【金句】

1.（惜命）对不起，领导，我已经连续加班一个星期了，我可不想过劳死，今晚必须回家好好休息。

2.（讨薪）我知道公司经济压力很大，但是也不至于缺我这点儿薪水吧。您还是把薪水给我吧。

3.（批评下属懒惰）作为下属，你能少拿一点儿工资吗？如果你可以不要工资，那么你也可以什么都不干。

4.（拒绝礼物）我们不能接受任何礼物，你公然送礼，这不是让我犯错误么！

5.（不能继续让利）抱歉，我已经给您最优惠的价格了。

6.（暗示对方已有女友）我也想陪着你加班，但是我女朋友不同意。

7.（直截了当地拒绝）咱们俩性格迥异，根本不适合谈恋爱。

8.（表明对爱情的希冀）爱情必须两情相悦，我可不想在没爱的婚姻里度过一生。

9.（拒绝帮忙接送孩子）接送孩子可不是一件小事情，您还是自己想办法解决吧，我只能管好自己家的孩子。

10.（把锅甩给媳妇）这件事情我做不了主，必须征求媳妇的意见，不过以我对她的了解，她一定会坚决拒绝。

11.（设身处地）换作是你，你愿意答应我的不情之请吗？

12.（换位思考）古人云，己所不欲，勿施于人，我希望你不要强求于我。

13.（申明原则）君子爱财，取之有道，我不能违背自己的原则。

14.（明确责任）作为责任人，你不管怎么解释，都要承担责任。

8. 拒绝异性，一定要把握分寸

【经典案例】

在舅妈的介绍下，婷婷和冯海洋认识了。仅从硬件条件来看，他们俩的确很登对。但是，冯海洋从小就被娇生惯养，既任性又霸道，为人非常霸道，还时常不讲道理，因而婷婷决定与冯海洋分手。虽然婷婷已经把话说得明明白白了，认为自己和冯海洋志不同道不合，而且脾气秉性相差迥异，但是冯海洋却很喜欢长相漂亮的婷婷，才分手几天，就又来单位接婷婷下班了。

接到传达室的电话，知道冯海洋又来纠缠自己，婷婷心烦意乱。她来到大门口，对冯海洋说："海洋，我们好聚好散，还可以当朋友。"冯海洋嬉皮笑脸地说："既然还是朋友，那就请你赏光晚上一起吃饭吧。"婷婷不好意思让冯海洋下不来台，说道："不好意思，我今天特别忙，估计要加班到很晚，真的没有时间一起吃晚饭。请你找别人一起吃吧。"说完，婷婷回到办公室，继续埋头苦干。直到晚上九点，婷婷才下班。刚刚走到门口，她就看到冯海洋还在等她。看见婷婷出来，冯海洋笑眯眯地说："婷婷，既然赶不上吃晚饭，咱们就一起吃夜宵吧。"

婷婷有些不知所措。她为难地说："海洋，我已经把话和你说得很清楚了，咱们俩不合适。如果你继续这样下去，恐怕咱们连朋友也做不成了。你看，我的舅妈和你的婶子是同事，每天抬头不见低头见的，如果咱们因为自己的事情使她们见面尴尬，那就罪过了。我们各回各家，好吗？"婷婷的这番话彻底让冯海洋死心了。他虽然任性霸道，却也知道不能牵连到婶子。他依依不舍地向婷婷摆摆手，说道："好吧，后会无期。"

【场景解析】

现代社会中，很多年轻的男孩和女孩因为没有时间谈恋爱，不得不通过相亲解决个人问题。有些情侣虽然是通过相亲认识的，却一见如故；有些人哪怕见过几次面，也依然找不到恋爱的感觉，只好分道扬镳。相爱，需要缘分；分手，需要技术。在拒绝异性朋友时，为了不让对方尴尬难堪，我们一定要讲究方式方法，切不可简单粗暴，损害对方的面子。

婷婷尽管已经明确告诉冯海洋彼此不合适，冯海洋却不死心，依然对婷婷示好。无奈，婷婷只好搬出介绍人——婷婷的舅妈和冯海洋的婶子，以给冯海洋施加压力，最终实现了和平体面分手的目的。

通过相亲认识的情侣，往往不了解对方，需要经过一段时间的相处，才能加深对对方的了解，从而判断与对方是否合适。俗话说，强扭的瓜不甜。爱情要想甜甜蜜蜜，必须双方都觉得合适，且情投意合。当缘分到头时，切勿闹得鸡飞狗跳，人尽皆知。唯有体面和平地分手，才能怀着对对方的好印象，继续寻找属于自己的爱情。作为主动提出分手的一方，一定要心平气和地和对方说清楚心意，一旦分手，就不要再接受对方的关心和照顾，这样才能分得彻底，断得干脆。

在现实生活中，有些男孩或者女孩主动提出分手时，对对方出言不逊，甚至挖苦讽刺和嘲讽对方。还有些年轻人喜欢找一个人假扮自己的爱人，让对方知难而退。殊不知，这么做很容易激怒对方，使双方关系破裂，轻则唇枪舌剑，重则一时冲动做出过激的行为。记住，爱情永远是两个人之间的事情，哪怕想开始一段新恋情，也要先结束此前的爱情关系。哪怕爱情不在了，友谊也依然存在，所以一定要顾全自己和他人的颜面，切勿让大家都陷入窘境。

【金句】

1.（拒绝从朋友到恋人）抱歉，我觉得我们还是当朋友更好。

2.（设定界限）我一直把你当成最好的朋友，希望我们能永远保持朋友关系，友谊长存。

3.（移情别恋）对不起，我不喜欢你了，我爱上了别人，我不能欺骗你。

4.（爱情消散）虽然我一直担心爱情会过了保鲜期，但是没想到我们的爱情如同昙花一现。

5.（虚假的爱情）也许，这根本不是爱情，只是新鲜和好奇的感觉而已。

6.（各自安好）既然我们各自都认清了自己的心，那就各自寻找自己的爱情吧，祝你幸福。

7.（哥哥只能是哥哥）司徒哥哥，我喜欢你，把你当成我最好的哥哥。

8.（妹妹只能是妹妹）俊雅，我一直都把你当成我的小妹妹。对不起，我已经有了喜欢的女孩，希望你能祝福我。

9.（表明朋友的身份）作为最好的朋友，我会一直守护你，直到你找到属于你的白马王子。

10.（遗憾没有爱情）月老的红线真的很神奇，能让有情人千里来相聚，也许我们之间根本没有红线吧。

11.（提醒对方守住交往底线）一直以来，我都把你当好朋友，你可不能吃"窝边草"啊！

12.（分手）兜兜转转，我们还是走散了。

13.（点燃希望）也许，你很快就会遇到命中注定的白马王子。

14.（表达祝福）放心吧，错过了我，你一定还会遇到更好的人。

9. 委婉含蓄，表达对他人尊重

【经典案例】

马上就要下班了，宁静正在快速敲击键盘，她要赶在下班前完成一篇工作汇报，发送到上司的邮箱里。正当宁静埋头苦干时，与宁静比邻而坐的叶娜探身过来，对宁静说："亲爱的静静，你能帮我个忙吗？"宁静暗暗想道："糟糕，这个懒惰的叶娜肯定又想找我帮忙，这次我绝不能再当老好人了。"这么想着，宁静纳闷地看着叶娜，问道："怎么了？"叶娜满面笑容地说："宁静，我晚上约了男朋友吃饭，但是我还有一份文件没有检查完，你能晚半个小时下班帮帮我吗？"

宁静知道，那份文件上有很多数字需要核实，半个小时根本看不完。不过，这无关紧要，因为她压根不想帮叶娜。她假装为难地说："叶娜啊，你知道我和你关系最好，但凡有时间，我肯定帮你。遗憾的是，我妈妈今天晚上到南京，我要去火车站接她呢。你看，我正在飞速处理手上的文件。我妈妈是六点半到南京，我五点半就要出发去车站。我原本还想着，万一我没有做完这份文件，就让你帮帮我呢。既然你已经有安排了，我待会儿问问秦岭能不能帮我吧。"

【场景解析】

在职场上，面对同事的求助，我们很难直接拒绝，这是因为我们经常需要与同事合作，或者得到同事的配合。一旦开门见山地拒绝了同事，就会破坏与同事的关系。有的时候，拒绝的言辞不当，还会使同事产生误解，误认为我们小瞧或者轻视他们，那就得不偿失了。

拒绝同事的请求，一定要表达出对对方的尊重，切勿居高临下，拒人于千里之外。如果不好意思直截了当地拒绝对方，那么可以找合理且充分的理由。例如，在上述案例中，叶娜要与男朋友约会，因而想把没完成的工作交给宁静。如果宁静没有任何理由就说"不"，叶娜一定会对宁静心怀芥蒂，产生隔阂。幸好宁静在看到叶娜笑着看向自己时，已经打定主意不再继续当老好人了，因而她预先编造了理由，那就是一下班就要奔向车站接远道而来的妈妈。可以说，宁静的理由选得非常好，让叶娜无法继续强求她帮忙。

在人际沟通中，委婉表达具有神奇的魔力，如同黏合剂一样能够拉近和修复人与人之间的关系。委婉表达既是尊重他人的表现，也能赢得他人的理解和体谅，让他们更容易接受拒绝。善于委婉表达的人都是语言大师，他们都具有很高的语言修养，从来不会开门见山地让他人感到难堪和尴尬。

【金句】

1.（赞美长处，指出瑕疵）美女，你的身材特别高挑，这件裙子有些短了，仿佛是成年人穿了孩子的尺码。

2.（提出建议）按照你的身高，我建议你选择另外一条长一些的裙子，那会使你看上去摇曳多姿。

3.（提出解决方案）很抱歉，妈妈，我和老师约好九点钟在学校门口见面，等我回家再晾晒衣服吧。

4.（拒绝主动请缨）杨艳丽，你是新员工，能主动请缨我很高兴。不过，这项工作难度很大，即使是经验丰富的老员工也未必能够胜任。

5.（保护新人积极性）作为新人，你想借此机会学习，这很好。你可以作为助手，给牛经理帮忙，趁此机会你也能积累很多经验。

6.（拒绝妹妹的喜欢）我喜欢你，当然喜欢你。不过，我对你的喜欢不是男人对女人的喜欢，而是哥哥对妹妹的喜欢。

7.（明确和妹妹之间的关系）我们从小一起长大，在我心里，早就把你当成我的亲妹妹了。

8.（先表扬后提议）不愧是年轻人，就是有冲劲，有闯劲，要是能稳重些就更好了。

9.（先认可后否定）这个方案做得很不错，有创意，很大胆，不过还有一些细枝末节没有考虑到。

10.（看到新人的方案）我建议你把这个方案拿去给你的师父看一看，用你的创新再加上你师父的稳妥，这个方案就会变得特别完美。

11.（当妹妹家的孩子来借住）你嫂子工作特别辛苦，还经常上夜班，压根没有时间和精力再多照顾一个孩子。

12.（当弟弟家的孩子来读书）孩子才九岁，不能离开妈妈。如果我是你，要么让孩子就近上学，要么在学校附近租套房子陪读，这才是稳妥之计。

13.（要送妈妈去养老院）很多老人都不愿意去养老院，你问过你妈妈的意见吗？

14.（针对某件事发表看法）我不知道该如何评价这件事情，你认为呢？

15.（把决定权交给领导）领导，你来拍板这件事情吧，我一定全力配合。

10. 直接拒绝，让对方彻底死心

【经典案例】

晚上十点钟，王娜已经准备睡觉了，突然，同事赵梅打来电话。在电话里，赵梅急促地说："王娜，很抱歉这么晚打扰你，但是我有件事情想请你帮忙。"王娜纳闷地问："什么事情啊？"赵梅说："你知道的，我正在韩国度假。我上个星期做的策划案，主管刚刚告诉我客户不满意，需要大幅度修改。我今天玩了一天，直到现在还在景区呢，明天还有其他的日程安排。所以，我想请你熬夜帮我修改策划案。拜托你，帮帮忙吧。"原来是这样的事情！王娜有些生气，她尽量掩饰情绪，心平气和地对赵梅说："赵梅，对不起，我帮不了你。首先，现在已经十点钟了，很晚了。其次，我明天还有一大堆工作要做，分身乏术。"电话那头，赵梅长久地沉默着，王娜说道："我建议你还是赶快结束游玩，回酒店修改策划案吧，这样至少不会影响明天的出游。"

【场景解析】

当我们委婉地找借口拒绝那些以自我为中心，丝毫不觉得不好意思的人时，他们往往会觉得我们含糊其词，其实是软弱可欺。面对这样厚着脸皮提出不情之请的人，我们应该直截了当地拒绝，而不要留有任何余地，以免使他们产生不切实际的希望。

虽然直接拒绝是对交情、面子等的严峻考验，但是直接拒绝有直接拒绝的好处，那就是把话说得简单干脆，没有任何回旋的余地。如此一来，就能迫使对方改变想法，收回请求，另寻其他办法解决问题。直接拒绝还有一个好处，那就是避免耽误对方寻求其他出路，贻误最好的时机。要想解决棘手的问题，一定要及时果断。对于真正需要帮助的人，我们有能力则慷慨相助，没有能力就要直接拒绝对方，这样对方才能及时求助他人，或者想其他办法。

【金句】

1.（有人要换座位）对不起，我想和我的家人坐在一起，不能和您交换座位。

2.（有人想坐靠窗的座位）抱歉，我容易晕车，特意买了靠窗的座位。请您再去问问其他乘客吧。

3.（哥哥借钱）哥哥，你知道我每个月薪水很低，既要养孩子，又要赡养公婆，每个月都入不敷出。

4.（朋友借钱）去年，我不是还向你借钱买车的吗？你也没有钱，我就做了分期，到现在还没有还完车贷呢。

5.（领导安排出差）领导，我已经连续出差六次了。这次，您还是安排别人吧。

6.（面对他人的不情之请）我知道别人都没有我好说话，但是您也不能只拣着我这个软柿子捏啊。

7.（哥们询问作弊的后果）哥们，你知道学校的规定吧，帮助他人作弊者，和作弊者一样都会被通报批评，且成绩归零。

8.（哥们要求我配合作弊）平日里，你想问我什么问题都可以，考试时咱们必须老老实实的，就算是考不好，你也不能拉着我垫背吧，我还指望着拿到奖学金，减轻爸爸妈妈的负担呢。

9.（拒绝暗恋者）我不想让你继续怀着希望，我决定告诉你：我真的不喜欢你。

10.（拒绝升职加薪的请求）鉴于你的工作表现，公司不辞退你已经是照顾你了，没法给你升职加薪。

11.（安排假期活动）这个假期很短暂，没法进行长途旅行，我们只能在本市游玩。

12.（当孩子要买新款苹果手机）你知道家里最近都没钱吃饭了吗？怎么可能给你买新款苹果手机呢？

13.（当未婚妻嫌我没钱）你是嫁给我，还是嫁给钱呢？要是没钱就不结婚，咱们还是分手吧。

14.（当有人对我苦苦哀求）你与其和我软磨硬泡，不如去其他人那里试一试，我真的帮不了你。

11. 说不，有很多种方法

【经典案例】

林丹是一名自由职业者，给出版社或者图书公司配图，画插图，还给报社画漫画连载。最近几年，图书出版行业形势低迷，林丹接到的活儿越来越少。偏偏这个时候，家里换了大房子，每个月都需要还一大笔月供。思来想去，林丹决定翻一翻手机里的通讯录，看看此前合作过的那些公司有没有合适的项目。

一个上午，林丹联系了十几个"老朋友"。说是老朋友，其实就是此前合作过的公司负责人。林丹的开场白是："龚老师，请问最近有外包的绘图工作吗？"无一例外，好几个人都直接拒绝了林丹，有的说图书市场不景气，有的说已经不在原来的公司了，也有的索性沉默，不回信息。整个上午过去，林丹心灰意冷。下午，她勉强打起精神继续联系剩下的"老朋友"。她联系的第一个人是冯老师。林丹记得自己只和冯老师合作过一次，在发出打招呼的信息后，她特别担心自己被冯老师删除了。没想到的是，冯老师很快就回复了信息，以客气的口吻说："您好，林老师。公司目前正在做一批书的收尾工作，等到做下一批书，如果有绘图工作，我会联系您的。"看着这句话，林丹莫名湿了眼眶。她知道这也许只是推托之词，但是却让她看到了一丝丝希望，使她心中再次燃起了热情。冯老师哪里知道，正是他出于礼貌随口说出的这句话，让林丹整个下午都干劲十足，信心百倍，又联系了一些图书公司，居然真的有所收获。

【场景解析】

说不的方式多种多样，直截了当地拒绝会让人心灰意冷，换一种方式委婉地表达拒绝则有可能让人感到温暖。如果不想直接拒绝他人，让他人失去希望，那么还可以采取拖延的方法，例如让对方等一等，说不定就有合作的机会。在艰难生存的过程中，正是这些怀着善意的拒绝，给人带来了无穷无尽的温暖和希望。

具体来说，我们在拒绝他人时，可以采取拖延的方式，例如把答复的时间说得长一些，一则可以让对方保持充满希望的心态，二则有可能在等待期间找到新的契机；可以采取沉默的方式，不给予对方回复，只要对方足够聪明，就会知道这是变相的拒绝；可以采取回避的方式，顾左右而言他，这样既能避免当面拒绝的尴尬，也能让对方明白我们的拒绝之意；可以用模棱两可的语言，让对方猜测和揣度，例如很多经验丰富的外交官在面对记者别有用心的提问时，就会以外交辞令含糊其词；还可以采取踢皮球的方法，用反问的语气，把棘手的问题踢给对方……总之，不管以怎样的方式说不，只要能达到拒绝的目的就好。

【金句】

1.（当被表白）我当然喜欢你，你这么绅士，总是照顾我们弱小的女生。谁不想有个大哥哥当自己的守护神啊！

2.（拒绝约会）抱歉，我今天晚上要加班，咱们改天再约吧。

3.（被问喜欢看什么电影）其实，我更喜欢看战争片。

4.（对爱情感到迷惑）你为什么会觉得我不爱你了，难道你已经不爱我了吗？

5.（面对顾客的要求）不好意思，值班经理不在，等他回来，我马上问他，然后给您回复，可以吗？

6.（拒绝他人一起旅游的请求）我只想和我爱的人一起旅游，对不起。

7.（拒绝请吃大餐）我很想请你吃大餐，奈何钱包不允许啊！

8.（拒绝贵重的礼物）这份礼物太贵重了，我不能收。

9.（拒绝一笔钱）要是你愿意，可以把这笔钱捐给希望工程，那些穷困的孩子一定会感谢你的。

10.（不被捆绑做慈善）李总，做生意不是做慈善，我们在商言商，不能把生意和慈善混为一谈。

11.（当他人表现得不好）这原本是一件好事情，只可惜被你搞砸了，我还能相信你吗？

12.（拒绝一起听演唱会）我周六已经有约了，你可以问问其他女同事想不想听演唱会。

13.（拒绝吃黑暗料理）我早就听说你只会做黑暗料理，我可不想当你的"小白鼠"。

14.（劝说哥们不要冲动）哥们，你确定要这么做吗？我建议你还是慎重考虑下，千万不要冲动。

第六章
口吐莲花真赞美，
言为心声倾诉真情

　　赞美，是世界上最美丽动听的语言。人人都渴望得到赞美。在人际交往中，要想把话说到他人的心里去，赢得他人的好感，我们就要学会口吐莲花，真心赞美他人。

1. 赞美对方，主动示好

【经典案例】

在日本的寿险界，没有人不知道推销之神原一平的鼎鼎大名。他在日本保险界连续十五年蝉联全国业绩冠军，这简直是销售领域的奇迹。原一平之所以能做出这么好的业绩，是因为他很擅长赞美。

有一天，原一平专程去拜访一位年轻的创业者。刚刚走进创业者的办公室，他就不吝赞美，大声说道："哇哦，尊敬的先生，您可真是年轻有为啊。您这么年轻就有了自己的公司，发展良好，我能问问您是从什么时候开始工作的吗？"听到原一平的这句话，创业者心花怒放，眉开眼笑。他想了想，告诉原一平："我从17岁就开始工作了。"

原一平夸张地竖起大拇指表示赞叹，说道："17岁，很多人还在父母的供养下读书呢，您却已经自己养活自己，还帮着父母养家糊口了。那么，您是从几岁开始创业的呢？"创业者骄傲地说："我的这家公司就是两年前成立的。"

原一平瞪大眼睛，赞叹道："才两年？！据我所知，很多优秀的企业家都要经过数十年的努力，才能让企业步入正轨，快速发展。您却只需要两年。看来，您天生就适合经商。对了，您17岁的时候就不上学了吗？"原一平当然知道，这位年轻的创业者家境贫寒，一直以自己帮助父母养家，供养弟弟妹妹读书而骄傲。

果不其然，原一平的这个问题仿佛打开了创业者的话匣子，他自豪地说："当年，我的家里很穷。爸爸妈妈哪怕拼命工作，也无法养活我和弟弟妹妹。无奈，我作为家里的老大，只能辍学打工。"原一平感慨地说："果然，成功者的背后都有不为人知的心酸。看来，您不但是天生的创业者，还是父母的好儿子，也是弟弟妹妹的好哥哥呢。"几番赞美下来，创业者对原一平的好感度飙升。原本，他不想买保险，但是他和原一平聊得不亦乐乎，又得到了原一平的慷慨赞美，因而不好意思拒绝原一平，最终不但为自己和家人买了保险，还为公司的所有职员买了保险。

【场景解析】

听到否定和批评的话，我们当然会心生不悦。听到认可和赞美的话，我们当然会喜笑颜开。赞美，是人际相处的润滑剂，能够拉近人与人之间的距离；赞美，也是维护关系的撒手锏，能够增进人与人之间的感情。难道我们因此就要不分时间场合、刻意夸张地赞美他人吗？当然不是。不合时宜的过度赞美，非但不能起到预期的效果，反而有可能招致他人反感。赞美必须因人、因时、因地制宜。只有恰到好处的赞美才能打动人心，只有真诚具体的赞美才能表现诚意。

也许有人会说，我不知道别人有什么值得赞美的。正如一位名人所说的，世界上并不缺少美，缺少的只是善于发现美的眼睛。每个人身上都有闪光点，也有值得赞美的地方，关键在于用心观察。原一平在拜访创业者之前做好了准备工作，得知创业者年少辍学打工，帮助父母养家特别辛苦，因而从这一点切入，轻轻松松就打开了创业者的话匣子，让创业者在很短的时间内就对原一平产生了好感和信任。有了好感和信任作为基础，

159

原一平推销保险水到渠成。

【金句】

1.（被人说矮）谁说长得矮就不能当主持人了？撒贝宁也不高，却是著名主持人。

2.（鼓励他人）你要有自信，要看到自己的闪光点。

3.（质疑自己的主持能力）你相貌端正，说一口标准的普通话，最重要的是你博学多才，特别擅长引经据典，也擅长调节气氛。这不就是天选主持人么！

4.（吃到美味的食物）伯母，您今天做的这道松鼠鳜鱼可是大受欢迎。我知道这道菜特别难做，既要刀功好，还要掌握油炸和定型的火候，最重要的是最后一步，也就是烧制糖醋汁。

5.（吃到心仪已久的东北菜）这道锅包肉可是地道东北味，糖醋汁色泽鲜亮，酸甜适口，我刚才还挖了一勺拌米饭呢，喷喷香。跟着张哥来家里蹭饭，我们可真是太有口福了！

6.（看到大明星）哇，米菲，你比电视上更漂亮呢。你的皮肤可真好啊，白皙细嫩，连一个小雀斑都没有，简直闪闪发光。

7.（被衬托得又矮又挫）众所周知，你是娱乐圈的合影杀手。不管是谁，站在你旁边都会黯然失色吧。

8.（朋友被夸赞）有你这么漂亮的朋友，我只能甘当背景板了。

9.（可以跟着心仪的老师学习）简主编，我可太荣幸了，跟着您能学到好多好多东西呢。

10.（欣赏某个人的衣品）您穿衣服的品位特别好，我每天看着您进进出出，既是一种美的享受，也能受到美的熏陶。

11.（看到书香气浓郁的人）古人云，腹有诗书气自华。我看您的第一眼，就知道您肯定饱读诗书。

12.（看到模特身材的人）您简直就是行走的衣服架子，不管穿什么衣服都好看。

13.（看到气场强大的人）不管多么大的场合，您都能镇得住，天生自带霸气。

14.（看到近乎完美的人）我一看到你，就自觉相形见绌。我常常感叹老天爷为什么这么不公平，把所有的优点都给了你。

2. 当面赞美，不如背后赞美

【经典案例】

小方和小刚所在的部门即将发生很大的变动，起因是原部门经理要调动到外地当城市总经理了。听到这个消息，部门里表现很好的几个年轻人摩拳擦掌，跃跃欲试，大家都想抓住这个机会晋升。

经过全公司的初次选拔，小方和小刚进入复试，大家心知肚明，新任部门经理将从他们之中产生。公司领导颇有些为难，因为小方和小刚是同年进入公司的，在工作上的表现不相上下，可以说他们都很优秀。正是因为如此，公司才迟迟没有宣布最终晋升的人选。这天，老总找小方谈话。老总问小方："小方，你进入公司以来的表现有目共睹。我想知道，你对小刚怎么评价？"

小方听到老总的提问，心里不由得一惊：难道老总更倾向于提升小刚吗？他转念一想：不管我说什么，都不会左右老总的决定，我不能为了自己的利益诋毁小刚。他笑着回答："老总，我和小刚是特别好的哥们。他人品好，性格好，业务能力强。在我们部门，小刚的人缘也是最好的，大家都很愿意推选他当部门经理。您放心，我一定好好配合小刚的工作。"小方不知道的是，此时小刚正好站在门外，准备向老总毛遂自荐呢。听了小方对他的赞美，他很羞愧。等到小方离开，他主动找到老总推荐小方。

【场景解析】

职场如同战场，虽然没有硝烟，却充斥着紧张的气氛。职场人士要想升职，就只能等待上司高升，或者空降到其他部门。职场人士都知道，能在本部门晋升是很幸运的。面对这样千载难逢的好机会，小方和小刚各显神通也在情理之中。面对老总的询问，小方非但没有趁机给竞争对手减分，反而赞美竞争对手，可见他是一个人品正直且有胸襟、有气度的年轻人。正是这样的背后赞美感动了小刚，让原本想毛遂自荐的小刚发自内心地钦佩小方，也真心地把自己宝贵的一票投给了小方。

俗话说，谁人背后不说人，谁人背后无人说。很多人都有一颗热爱八卦的心，都喜欢在背后评价和议论他人。遗憾的是，诋毁人的占多数，赞美人的却屈指可数。对于当事人而言，当得知有人在背后赞美自己，一定特别感动，也特别激动。从心理学的角度来说，背后赞美他人的效果出人意料。很多时候，我们只是出于客套，才会当面赞美他人。而背后赞美则是真诚的，发自内心的，也是可信的。

【金句】

1.（有人吐槽张店长厉害）张店长人虽然厉害了些，但是业务能力是真强啊。

2.（肯定黄老师的表现）黄老师没来之前咱们班纪律松散，人心涣散，成绩更是糟糕。如今呢，在她的铁腕管理之下，每个同学都铆足了劲学习，还得过年级第一名呢。

3.（赞美新同事）我特别佩服新来的陈所长，我愿意跟着这样的领导奔前程。

4.（夸赞校长）李校长对待工作认真负责，对待孩子真心实意，是个不可多得的好校长。

5.（感恩某个人的帮助）前年我爸爸突发疾病，需要很多钱，是严总主动给我预支工资，还给我批了长假。

6.（宿舍卫生状况得到表扬）各位，咱们宿舍能得到这个荣誉，都要感谢爱莲啊。她是我们宿舍最爱干净的，还特别擅长布置，把宿舍收拾得井井有条，赏心悦目。

7.（传达表扬）年轻人，你年富力强，正要趁着这个时候好好工作啊。上次，你们组长还特意表扬你呢，说你任劳任怨，兢兢业业，是个好苗子。你可别让他失望啊！

8.（识别人心）树倒猢狲散。上次，我遇到经济危机，才知道哪些是真朋友，例如佳轩。

9.（评价热心的同学）每次放假，孙宁都主动帮助其他同事值班，特别热心。

10.（表达对友谊的渴望和珍视）人们常说朋友易得，知己难求。我觉得李然就是我的知己，他总能知道我的心意，也不遗余力地帮助我。

11.（感恩妈妈，赞美妈妈）在这个世界上，妈妈是最爱我的人，她的爱就像是煦暖的春风，能消融冰雪。妈妈对我特别无私，愿意为我付出一切，我以后要好好孝顺妈妈。

12.（回忆往昔）有一次我生病特别严重，是刘丽请假一周照顾我，她的恩情我永远不忘。

13.（感谢朋友不离不弃）没有谁能取代秦宇在我心中的地位，他与我患难与共，从来不嫌弃我。

14.（牢记雪中送炭者）我也许会忘记对我锦上添花的人，却不会忘记向我雪中送炭的人，他就是程长明。

3. 借他人之口，无尴尬赞美异性

【经典案例】

作为公司的公关经理，任伟这几年来过五关斩六将，为公司拿下了很多大客户。有人说任伟智商高，有人说任伟情商高，其实任伟不但智商和情商高，还很擅长赞美他人。

这天，任伟代表公司来机场接客户。远远地，他就看到客户大步流星地走过来，俨然如同传闻所说的，是个女汉子。等到客户走近些，任伟高高举起接机牌，说道："武总，您好，我是乐嘉广告公司的任伟。"武总只是微微一笑，说了句"你好"。引导武总坐到车上，任伟这才说道："武总，早就在网上看过关于您的报道，说您既有女子的美丽，也有男子的英气。今日一见，发现您果然有巾帼不让须眉的气势，也难怪您能带领公司几次度过危机，起死回生呢。"

听到任伟别具一格的赞美，武总忍不住露出笑容，说道："小任，你不愧是公关部的经理，我从未听过比你这番话更让我开心的赞美。谢谢，谢谢！"有了这个良好的开端，武总此后对待任伟很客气，谈判也进展得很顺利。

【场景解析】

在商场上，很多女强人都和男性一样打拼。作为男性，在和这些女强人打交道时，一定要把握好分寸。上述案例中，任伟作为久经沙场的公关经理，当然知道自己直接赞美武总，有可能因为过于热情有失庄重，招致反感。因此，他假借网络上的报道，说出了对武总的评价和第一印象。借他人之口赞美异性，能有效避免尴尬，且传达他人的赞美，既能达到预期的效果，又能增强赞美的感染力。

作为接待人员，任伟需要当面说出"他人"对武总的赞美。如果是熟悉的人之间，我们还可以故意当着某个人的面赞美第三人，再让这个人把赞美转达给对方。例如，男性可以当着一个女性的好朋友说"某某性格特别好，心态也平和，与她相处感觉很好"。当好朋友把这番话传达给那个女性时，那个女性一定会对该男性生出好感。

当我们特别想结交他人，又因为不太熟悉而不好意思直接赞美他人时，就可以采取这种传声筒的方式表达赞美。不要担心你的赞美不能传到对方的耳朵里，因为每个人都很乐于当赞美的传声筒。当然，凡事皆有度，过度犹不及。当着第三个人的面赞美对方，要把握分寸，而不要言过其实，否则就会使对方产生误解，非但不愿意亲近我们，反而有可能故意疏远我们，或者回避我们。只有适度的赞美才更真实可信，也能帮助我们赢得好感。

【金句】

1.（借他人之口当面赞美）你好，刘欢，我是未见你人，先闻你名。赵亚总是夸你，果然百闻不如一见啊。

2.（迎接新同事）你可知道，早在你空降到来之前，办公室里的很多同事就在议论，说即将走马上任的刘经理又帅又有才，年纪轻轻就当经理了，前途无量呢。

3.（见到新朋友）你好，安慧，我是王旭的哥哥。我总听王旭说你端庄秀雅，蕙质兰心，是她最好的朋友。今天一见，果然名不虚传啊！

4.（传达他人的赞美之意）张波经常提起您，说您气质好。

5.（表示认可）马玉常常说你玉树临风，让我聘请您当平面模特呢。

6.（表示认同）小北说，他从未见过有男人那么好看的，现在看到你，我觉得他说得很对。

7.（从耳听为虚到眼见为实）之前萱萱说你肤如凝脂，我还不相信，现在我还要再加上一个形容词——吹弹可破。

8.（百闻不如一见）大家都说你是林黛玉，我想就算长得像，气质也不像吧，但是你真的给人以楚楚可怜的感觉。

9.（恍然大悟地赞美）难怪大家都叫你丹姐呢，你真的像姐姐一样细心温柔啊！

10.（看到大明星本尊）粉丝们都说你是演员里的警察专业户，今日得见果然器宇轩昂，正气凛然。

11.（认可他人的评价）刘阿姨说你英俊帅气，我看也是。

12.（当面真诚赞美）我其实不想来相亲，尤其不相信介绍人说你"公子世无双"，但是看到你我信了。

13.（细致地表扬他人）领导说你特别细心，很适合当助理，我还不信呢，但是你写的发言稿连一个错误的标点符号都没有，我只能给你点赞。

4. 巧借赞美替人解围

【经典案例】

曹飞喜欢新来的女同事胡云，因而对胡云展开了特别猛烈的追求。然而，胡云早就听说曹飞是花花公子，还是富二代，从来没对任何女孩认真过。作为小县城里出来的姑娘，胡云从来不奢望自己能嫁入"豪门"。基于这样的想法，她只当曹飞对她是一时新鲜，因而对曹飞的态度不冷不热，若即若离。

昨天晚上，部门聚餐。酒过三巡，大家都微微有了些酒意。有个男同事对胡云起哄，说道："胡云，你一定是凭着关系才进入我们公司的吧，我们公司所有人，除了清洁工，最差也是一本，大部分同事都是研究生，而你才是二本学历。"被当众质疑，胡云脸上黑一阵白一阵的，尴尬极了。这个时候，曹飞突然说道："哥们，你可真是搞形式主义，也亏得你一直打工，当不上老板。胡云做的是前台文秘的工作，她形象好，气质佳，虽然是二本，但是文字功底很扎实，随随便便就能写出一篇精彩的发言稿。你倒是硕士毕业，让你写发言稿，你能写好吗？"曹飞的一番话让那个男同事无地自容，他嗫嚅着说："哎呀，你真是哪壶不开提哪壶，我小学时就害怕写作文。"曹飞毫不客气地继续说道："既然如此，你管好你自己的工作就行，瞎操什么心呢。你看看，我们公司之前前台乱七八糟，大家都吃不到可口的午饭。自从胡云来了，前台简直变成了艺术空间，人和东西都赏心悦目，仿佛艺术品一样。最重要的是，胡云特别细心，记住了每个人的喜好和口味，让我们每天中午都能吃上美味的饭菜。"同事们纷纷点头，表示认可。

让曹飞惊讶的是，自从这次聚餐之后，胡云对他的态度有了一百八十度大转弯。曹飞百思不得其解，找到与胡云关系好的同事打听，这才知道胡云特别感动他居然当众为她说话，还说出了她那么多连自己都没有意识到的优点。

【场景解析】

曹飞真的喜欢胡云，才能一改往日漫不经心的态度，认真观察胡云，真心欣赏胡云，一气说出胡云诸多不为人知的优点。正是这样大张旗鼓又言之有物的赞美，让胡云相信曹飞是真心喜欢她的，因而对待曹飞的态度有了根本性转变。

当众赞美他人，能够增强赞美的效果，使被赞美的人感受到我们的真心和诚意，因而能够拉近人与人之间的关系，增进人与人之间的感情。很多人都读过《红楼梦》，一定会对贾府里的人精——凤姐印象深刻。当初，黛玉投奔贾府，见到外祖母，外祖母想到女儿已经去世，只剩下外孙女孤苦无依，忍不住掉泪。凤姐知道贾母疼惜黛玉，因而当着众多家人的面大张旗鼓地赞美黛玉，说黛玉是标志人物，是老祖宗嫡亲的孙女。只是这两句话，凤姐就让贾母和黛玉深受感动。

高明的当众赞美，最好不要以个人评判的口吻说出来，而是要以公众的语气表达。例如，不要说"我觉得""我认为"，而要说"大家一致认为""大家都感谢您"等等。尤其是作为下属赞美上司时，不要以下属的身份评价上司，而是要让上司知道大家都很敬佩和拥戴他，这样上司才会更有成就感、价值感和荣誉感。

【金句】

1.（庆功宴上）许总，这个项目从谈判到完成，您是最辛苦的。

2.（感谢项目负责人）项目终于完成了，我们都觉得您是一等大功臣，是您这么优秀，带领我们整个部门做出成绩的。

3.（表达对未来的憧憬）领导，要论感谢，应该是我们感谢您才对。我们相信，在您的带领下，我们部门一定会越来越好。

4.（被要求推荐人才）琳琳姐，要论笔杆子，整个公司没有谁的笔杆子比你的笔杆子更硬了。

5.（面对艰巨的任务）老总说需要写一篇发言稿，我们不约而同就想到了你。你可是公认的才女啊！

6.（当面感谢医生）张医生，您医术高超，医德高尚，遇到您是我们的幸运和福气。

7.（当面感谢老师）石老师，您对孩子耐心细致，循循善诱，孩子进步这么大，都是您的功劳。

8.（真心诚意地赞美）老板，你家的草莓真好吃，自然成熟，酸甜可口，味道特别浓郁。

9.（敬酒的场合下）冯总，感谢您大力支持，为我们争取到这么优惠的价格，才能促成交易。您是今天庆功会的主角，我一定要敬您一杯。

10.（收到大学录取通知书）儿子，高中三年你辛苦了，不过也取得了最好的结果。祝贺你！

11.（感谢房地产经纪人）小松，谢谢你这么耐心细致，为我们找到合适的房子，帮助我们安家。

12.（认可设计师的超高水准）不得不说，作为服装设计师，你的眼光非常独到。

13.（感谢阿姨的用心照顾）阿姨，自从你来到我们家，精心安排我们的饮食起居，我都长胖了呢。

14.（感谢所有的团队成员）我要感谢我们的团队，感谢每一位团队成员，正是因为你们齐心协力，项目才能圆满成功。

5. 赞美他人不为人知的优点

【经典案例】

自从升任经理，小柳发现原来最难搞定的不是客户，而是下属。原本，小柳也是一线销售人员，他读了很多关于营销的书籍，又因为他善于观察，能够设身处地为客户着想，所以业绩常常名列前茅。真正从事管理工作后，小柳才意识到当经理绝非发号施令那么简单。如何让下属爆发出潜力，主动自发地做好销售工作，这是小柳的工作重点。新官上任三把火，小柳制定了很多严苛的制度，也制定了很高的业绩标准。遗憾的是，这些举措除了招致下属反感之外，并没有起到良好的作用。有一次，小柳去总部开会，特意向前任经理请教，这才知道"优秀的员工都是夸出来的"。

小柳茅塞顿开，决定转变思路，从管理员工到多多赞美员工，为员工提供情绪价值。这天，小张来找小柳汇报工作。小张与小柳同期进入公司，如今小柳已经升任经理，小张还是一线销售人员，且业绩堪忧。小张有些忐忑，小声向小柳汇报工作，生怕小柳以末位淘汰制度开除他。不承想，小柳听完汇报，笑着对小张说："小张，你知道吗，你有一个特别大的优点，是很多人都不具备的。"小张纳闷地看着小柳，小柳真诚地说："早在和你一起进入公司时，我就发现你不管做什么事情都特别认真，而且情绪稳定。以前，很多同事都会在我面前抱怨，唯独你云淡风轻，不管业绩如何，都按时吃饭，乐观面对。如果要评选从不抱怨的员工，你一定实至名归。"小张不好意思地说："柳经理，就因为我这样，很多人都觉得我不思进取。"小柳摇摇头，说："你一直勤奋努力，只是还没有从量变积累到质变而已，真正不思进取的人早就放弃努力了。加油干，我相信你一定会大鹏展翅。"小张激动地点点头。从此之后，他对工作充满干劲，还经常来找柳经理取经呢。

【场景解析】

不仅从未有人赞美过小张的这个优点，就连小张自己都不曾意识到自己有这样的优点，可想而知当柳经理真诚地赞美他时，他是多么开心，多么激动，心里一定充满了力量，想要改变现状，获得巨大的进步。这就是赞美的神奇力量。

在赞美他人时，如果总是说起他人显而易见的优点，那么他人往往不屑一顾，毕竟他们已经因为这些显著的优点得到很多人的表扬和赞美了。为了引起他人的重视，让他人感到喜出望外，我们要擦亮眼睛，深入挖掘他人不为人知的优点，这样才能另辟蹊径赞美他人，也起到前所未有的良好作用。从心理学的角度来说，没有期待的赞美如同意外的礼物，也会给人带来意外的惊喜。

例如，当大家都赞美一个女孩长相美时，我们可以赞美她学习勤奋，明明可以靠颜值，却偏偏要靠实力；当大家都赞美一个男孩身材魁梧、相貌英俊时，我们可以赞美他性格温和，待人彬彬有礼，关注细节，是真正的绅士；当大家都赞美一个老人长寿时，我们可以赞美他坚持锻炼身体，能够独立生活；当大家都赞美一个孩子聪明时，我们可以赞美他团结友爱，乐于助人，结交了很多朋友，也能与朋友融洽相处等。只要处处留心，我们总能发现他人不为人知的优点，也能另辟蹊径，让赞美的话打动他人的心。

【金句】

1.（面对学习成绩普通的朋友）你虽然学习一般，但是你品德高尚，乐于助人，我喜欢和你交朋友。

2.（面对认真细致的同学）你还有一个特别的优点，就是考虑问题很全面，有的时候连我都没想到的细节，你却已经考虑周全了。

3.（面对考虑周全的下属）你思维缜密，认真负责，所以我才会放心地把很多事情交给你负责。

4.（感谢事无巨细的行政人员）安慧，你在我们的办公室里有着不可取代的重要作用。例如，你知道每个人喜欢吃什么，总是为大家订购美味可口的饭菜。

5.（认可某个人的付出）只要有你在，我就特别放心，因为你能够留意到很多细节，预先帮助大家消除障碍和阻力。

6.（在哈哈大笑的场合下）你是公认的开心果，一开口就妙语如珠，总能把大家逗得哈哈大笑。

7.（结婚纪念日对老婆说的话）老婆，你虽然没有很高的学历，也不能赚很多钱，但是你擅长管家，厨艺高超，既征服了我的胃，又征服了我的心。

8.（感谢老公的付出）老公，感谢你对家庭的付出，任何时候都把我放在第一位，还特别顾家，除了工作就是回家做饭，陪孩子，辅导孩子学习。这可是无论多少钱都买不来的。

9.（认可孩子）你知道吗，你特别可爱，就像是一个小精灵，头脑中总是钻出来很多稀奇古怪的想法。

10.（看到爱人的有趣灵魂）好看的皮囊千篇一律，有趣的灵魂万里挑一，你拥有有趣的灵魂，任何人都无法与你相比。

11.（孩子拼好了拼图）天啊，你居然把这么复杂的拼图拼好了，你可真有耐心啊。

12.（婆婆完成了巨幅十字绣）婆婆，你用了三年时间绣好了清明上河图，简直太厉害了。

13.（老公临危不乱时）老公，你遇到危急的事情从来不慌张，你就是我心目中的定海神针。

14.（朋友提出特别的办法时）琪琪，你是怎么想到这个方法的？你可真是奇思妙想啊！

6. 赞美一定要详细具体

【经典案例】

清宜是一名刚刚崭露头角的设计师。今天，凭借丈夫家族的人脉，她得到机会参加一场时装秀。此前，丈夫已经为清宜聘请了名模。时装秀开始，看着名模穿着自己设计的服装走在 T 台上，清宜特别激动。模特前后换了三套衣服，每套衣服的反响都很好。很快，时装秀结束，朋友们恭喜清宜："清宜，你可是天生的服装设计师，你设计的每一套衣服都那么好看，简直和模特融为一体。"清宜微笑着表示感谢，她听过很多这样的话，并不觉得自己有什么特别的。

这个时候，有个同为设计师的朋友真诚地说道："清宜，模特穿着第一套衣服走出来，我们都觉得你只是独具匠心，设计了一些小细节，很聪明地胜出，并没有真的认可你。当模特穿着第二套衣服走出来，我们感到特别惊艳，毕竟这样的衣服可不是凭着小心思就能设计出来的，我们看到了你的才华，对款式的独到理解，对颜色的大胆运用。到了第三套衣服，我们简直震惊了，你居然想到在充满中国元素的旗袍外面加上一层薄纱，这是多么神奇的想象力啊！我们都太佩服你了，你一定会在服装设计领域大有作为的。"听着朋友长篇大论的表扬，清宜这才开心地笑了起来。

【场景解析】

对于清宜的首战告捷，大多数人虽然给予了肯定和赞美，但都是泛泛之谈，并不能真的打动清宜。直到那个同为设计师的朋友具体而又详细地赞美清宜，其他人才知道清宜设计的服装有什么独到之处，也才真心地钦佩清宜。可想而知，在众多的赞美中，这位朋友的赞美既生动又详尽，给清宜留下了深刻的印象。

如今，越来越多的人意识到赞美的重要性，虽然能做到慷慨地赞美他人，却使赞美变得空泛，流于形式。赞美要想打动人心，必须真实详尽且具体，这样才能避开敷衍的嫌疑，表现出足够的真诚。例如，夸赞一个人"你真美"，不如说"你的皮肤好白啊，眼睛又黑又大，就像翠嫩欲滴的黑葡萄"；夸赞一件衣服"很漂亮"，不如说"这件衣服款式很新颖，尤其是腰部后面的蝴蝶结，让原本简单的后背设计看起来眼前一亮，色彩搭配也特别和谐，都是暖色调，看上去特别柔和"。总之，不管赞美什么，都要详细具体，最好能关注到那些别人不曾留意的细节，让赞美事半功倍。

【金句】

1.（说起同事的儿子）你家儿子从小就聪明。记得他上小学时，你带他来单位加班，他整个上午都在读书。

2.（表扬某个同事）小安同志，我发现你对工作特别热情，经常主动加班，而且每次加班都能完成具体的任务。

3.（策划案顺利通过客户审核）专注的人不管做什么事情都不会差的，你一个上午就完成了这份策划案，而且得到了客户的认可，这也太厉害了。

4.（吃到嫂子做的饭菜）嫂子，这些菜太好吃了，尤其是这道毛血旺，麻辣鲜香，用料还很丰富，有虾滑、肥牛、鱼片。

5.（惊讶地看着某个人写好的长篇大论）张哥，我记得你是理工科出身，笔杆子怎么这么硬呢？这篇发言稿洋洋洒洒两千多字，层次分明，条理清晰，还引经据典呢，可见你文学功底特别深厚。

6.（欣赏营销方案）小刘，我看了你的这个营销方案，你考虑得很周全，甚至想到了随着季节转换调整摆放位置，可见是用心了。

7.（拿到发言稿很惊艳）莉娜，我看过你写的发言稿了，写得非常好，列举的观点很全面，有详有略，重点突出。

8.（答谢会圆满结束后）在这次客户答谢会上，你特意为老年客户准备了热茶，这很贴心。

9.（客户给了十分好评）葛师傅，我接到了客户的表扬电话，说你昨天晚上十点钟还去客户家里修理网线，辛苦啦。

10.（被社区的居民感谢）作为街道工作人员，我们就是为居民服务的，希望大家都能向田丽学习，耐心对待群众，把群众当成自己的家人。

7. 反语赞美有奇效

【经典案例】

夜幕降临，郭经理特意留在办公室里，等着给外地的一个合作伙伴打完电话再下班。对方在开会，直到八点半才开完。郭经理一通电话打了半个小时，终于挂断电话，发现已经九点钟了。他这才感觉饥肠辘辘，赶紧收拾好办公桌，快步往外走去。来到大厅，他看到有个格子间的灯还亮着。他走过去，发现小王还在对着电脑屏幕修改设计图呢。

郭经理问道："小王，你怎么还不下班啊，这都九点了。"

小王笑着回答："经理，我是单身汉，不着急回家，趁着这会儿把设计图改一改，明天上班就发给客户看。"

郭经理问道："单身汉一人吃饱全家不饿，那你吃饭了吗？"

小王点点头，又摇摇头，说："还没有呢，我一会儿回家路上吃。"

郭经理故意满脸严肃地说："小王啊，你自从进入公司表现一直特别好，每个月都能签下几个客户。你能力这么强，还这么勤奋，这是想把公司的资金都变成你的业绩提成啊！你有野心当然是好的，不过我可警告你，不要仗着年轻就亏待身体，身体是革命的本钱。公司是大家的，身体是自己的，所以努力也要悠着点。"

小王当然知道郭经理是在担心他，因而连连点头，说道："嗯嗯，经理教训得对，我改完这点儿，马上下班吃饭，回家睡觉。"

【场景解析】

作为上司，看到下属主动加班，以拼命三郎的精神投入工作，当然很高兴。如果只是夸赞"年轻人，有闯劲""年轻人，干得好"这些话，将很难打动小王的心，反而有敷衍的嫌疑。郭经理反其道而行，以批评的方式提醒小王赚到了很多提成，又严肃地警告小王要爱惜身体，这么说既把小王当成自己人，表达对小王的关心，也能让小王感到亲切随和，感受到郭经理的爱护，与此同时还能起到幽默的作用，让谈话气氛轻松愉悦，可谓一举数得。

用反语的方式赞美他人，可谓高明。需要注意的是，并非面对所有人，在所有的语言环境中都可以运用反语的方式赞美他人。只有在特殊的环境中，面对特殊的交谈对象，反语赞美才能起到特有的效果。例如，在正式交谈场合里，在庄严肃穆的环境中，不适合使用反语赞美。在私底下的非正式交谈场合里，面对下属或者关系熟稔的朋友，则可以使用反语赞美，以营造幽默的氛围。

【金句】

1.（小丁废寝忘食地工作）小丁，我必须"批评"你，怎么能为了工作不顾休息呢？

2.（下属拼命工作生病了）身体是革命的本钱，只有保证身体健康，我才能继续"压榨"你啊！

3.（厂长对药品研发人员说的话）在新药经过人体实验正式投入生产之前，为了减少药物的副作用，你必须"不择手段"地进行实验。

4.（厂长鼓励药品研发人员加强实验）在需要的情况下，你要对新药"多吃多占"，这样才能切身感受到药效啊。

5.（下属动用私人关系助力工作）嘉文啊，感谢你"厚着脸皮"工作，才能帮助咱们行度过危机。

6.（银行职员通过爸爸拉存款）刘军，感谢你爸爸"肥水不流外人田"，把公司的储备金存到咱们银行。

7.（看到从小美到大的女同学）美丽啊，你可真是人如其名，从小美到大，一点儿"活路"都不给我们。

8.（面对公认的合影杀手）我一点儿都"不"想和你照相，谁让你长得那么美呢，显得我很丑。

9.（好朋友又喝醉了）你喝酒总是那么"豪爽"，人家是千杯不倒，你是一杯就倒了，我可不想送你回家。

10.（害怕被合影杀手秒杀）告诉你，一会儿拍照离我"远"点儿，我可不想被你衬托得像老太婆一样。

11.（面对既有颜又有才的朋友）你说说，这还有"天理"吗？老天爷真是不公平，让你既有颜值，又有才华，让我们只能愤愤不平。

12.（面对吵架的妻子）得罪了我，可没有你的"好果子"吃，我必须惩罚你一个月不许做饭，只能吃现成的。

8. 真诚，是赞美的必杀技

【经典案例】

这天，蒋月来到银行，排在长长的队伍后准备办理汇款。在排队的过程中，蒋月发现窗口的工作人员态度很恶劣，不是嫌弃老人耳朵背，听不清楚她说的话，就是抱怨年轻人毛手毛脚的，把字签错了地方。就在工作人员大声责怪一个年轻人带错证件时，年轻人忍不住爆发起来："你这个人是怎么回事，压根不想从事这份工作，是吧？既然这么不耐烦，那就辞职不要干啊，怼天怼地怼客户，谁惯的你这个毛病？！把你们领导叫出来，我要投诉你。"年轻人不依不饶，工作人员这才收敛一些，委屈得含着眼泪继续办业务。

蒋月知道银行窗口的工作人员很辛苦，她可不想与对方起争执。终于轮到蒋月了，她说清楚诉求，把所有需要的证件和填写好的单子交给工作人员，耐心地等待着。工作人员终于完成一个流程，递出单子给蒋月："您好，请在这里签字，不要签错地方了。"蒋月趁着这个机会真诚地赞美道："你的头发可真好，又黑又浓密，这个发型也很适合你。"工作人员抬起头看着蒋月，脸上浮现出笑容，客气地说："我的头发以前特别多，现在也开始脱发了。"蒋月一边签字一边说："那我可太羡慕你了，脱发还这么多，这么美。"工作人员始终面带微笑，等到蒋月办理完业务离开，她和后面的顾客说话时语气依然很温和。

【场景解析】

在上述案例中，年轻人火气大，和工作人员争吵起来，非但影响工作人员的心情，也影响自己的心情。相比之下，蒋月的处理方式则更加明智，也取得了很好的结果。从心理学的角度来说，我们要想影响他人，就要首先让他人发自内心地接受我们，而让他人接受我们的最好方式就是赞美。赞美能瞬间拉近我们与他人之间的距离，也让他人敞开心扉接受我们。真诚的赞美还能消除人与人之间的隔阂，让双方不再带着仇恨和埋怨，而是充满感激，心怀宽容。

赞美要因人制宜，真诚且恰到好处。例如，赞美孩子，可以说孩子聪明伶俐，讨人喜欢；赞美老人，可以说老人老当益壮，耳聪目明；赞美年轻人，可以说年轻人有责任心，事业成功；赞美知识分子，可以说他们高风亮节，学识渊博。只有区分不同的人，有的放矢地赞美，才能表现出真诚，也才能确保赞美是恰到好处的。

要想让赞美真诚，打动人心，就要尊重事实，切勿睁着眼睛说瞎话，也不要让赞美流于形式。例如，面对一个长相普通的女性，不要赞美对方很漂亮，否则必然引起对方的质疑，而可以赞美对方很有气质，带有浓浓的书卷气。真诚地赞美他人，还要拥有善于观察和善于发现的眼睛，挖掘他人的闪光点，让赞美别具一格。

【金句】

1.（慧眼识人）虽然你缺乏运动细胞，但是你有很多艺术细胞。

2.（欣赏朋友的绘画技艺）你只要提起笔随便画画，就是一幅特别好看的作品，我特别羡慕你"下笔如有神"呢。

3.（眼前一亮）小敏，怎么一个多月不见，感觉你又变漂亮了呢。

4.（目不转睛地欣赏新发型）哎呀，你换了新发型。这个发型比原来的发型适合你，显得特别温柔洋气，颜色也好看。

5.（啧啧赞叹好看的发色）你的头发是最时髦的栗色吧，衬得你皮肤更白皙了。

6.（面对一大桌子海鲜垂涎欲滴）哇，成哥，你也太大方了，居然请我们吃这么贵的海鲜大餐。

7.（赞美坚持晨练的老公）我特别佩服你有毅力，你最近这段时间坚持节食加运动，现在简直像变了一个人，从油腻大叔又变回精神小伙子啦。

8.（患者起死回生）张医生，你有着过硬的专业素养，还医者仁心，愿意拼尽全力帮助病患，遇到你是我们的幸运。

9.（面对完美得无可挑剔的人）我也不想赞美你，但是你真的太好了，我不得不赞美你。

10.（好婆婆总是帮助我）我上辈子一定拯救了银河系，才会遇到你这么好的婆婆，你总是全力以赴地帮我。

11.（和爱人互诉衷肠）世界上没有无缘无故的爱，我爱你，是因为你更爱我。

12.（面对困境，突然茅塞顿开）我们一直卡在这个问题上，停滞不前，幸好你提点我们，才让我们茅塞顿开。

13.（听到他人的真知灼见）人们常说，听君一席话，胜读十年书。今天，听了你的这番话，我仿佛一下子开窍了。

第七章
随机应变口不停，
伶牙俐齿娓娓动听

在各种社交场合里，人与人之间的交流未必会如同我们预期的那样发展。当突发情况让气氛陷入尴尬和难堪之中，甚至在场的所有人都不知道该说什么时，我们要发挥随机应变的能力，娓娓动听地说话，帮助自己和他人消除尴尬，让气氛重新变得活跃起来。

1. 不要卖弄聪明

【经典案例】

曹操疑心特别重，在他身边的人都小心翼翼，从不说出格的话，更不做出格的事情。杨修是曹操的下属，他的确很有才华，却有一个致命的弱点，那就是恃才傲物，喜欢卖弄聪明，还经常当众说穿曹操的心思。正是因为这个弱点，他才会被曹操下令处死。

有一次，曹操带着一行人参观园子。园子正在修建中，还没有完工呢。参观完之后，曹操离开时在大门上写了一个字——活。修建园子的人目瞪口呆地看着这个字，压根不知道是什么意思，更猜不透曹操的心思。杨修看到大家不明所以，故作高深地说道："这是一扇门，门里写'活'，就是'阔'。我看啊，丞相的意思是你们把园子的门做得太大了，应该改得小一些，那才合适。"

后来，曹操率领大军与刘备的大军对峙，想要进攻，却被马超阻止，想要退兵，又担心被刘备嘲笑。正在进退两难之际，有一天晚上，值班的军官前来询问曹操夜间巡逻的口令。当时，曹操正在吃晚饭，就随口说了两个字："鸡肋。"杨修恰好走到营帐之外，听到这个口令，杨修回到自己的营帐，对周围的人说："大家赶紧收拾收拾吧，曹丞相很快就会下令撤军。现在先收拾好，以免临时收拾太过忙乱。"有人问杨修："你怎么知道曹丞相要撤军呢？"杨修笑着解释道："我听到曹丞相说今晚的口令是'鸡肋'。所谓'鸡肋'，食之无味，弃之可惜，就像现在的战局。丞相之所以以鸡肋为口令，肯定是不想继续打仗了。"杨修的这番话传出去，军营里瞬间军心涣散，很多军官和士兵都忙着收拾行李。得知这件事情之后，曹操下令追查，很快就得知是杨修散播谣言，动摇军心，下令处死杨修。

【场景解析】

我们无从得知曹操真实的想法，但是杨修明知道丞相多疑，却当着众人的面揣测曹操的心思，这可不是高明之举，尤其是在进退两难之际动摇军心，更是犯了死罪。如果杨修能收敛锋芒，不要自作聪明，那么凭着聪明才智，他一定能大有作为。

正确的回话方式，是针对他人提问的意图，给出他人想要的答案。即便自身的想法与他人的提问意图不同，也要巧妙地运用心思，组织语言，以委婉的方式表情达意，与他人达成共识。

【金句】

1.（讨论项目）组长，关于这个项目，我们可以一起商量一下，大家集思广益，总能想出办法的。

2.（首先发言）既然大家让我第一个发言，那我就抛砖引玉吧。

3.（自我谦虚）虽然我未必有真知灼见，但是很有可能激发你们的灵感。

4.（意见不同）既然我们双方的意见不同，那么还是折中处理吧。

5.（说服他人）你说得对，我很难说服你，那么你也该知道，你同样也很难说服我。

6.（说服他人）没有谁能保证自己绝对正确，积极采纳他人的意见才是明智的。

7.（挑战难题）主管，让我试试修复这个漏洞吧，我在大学里和导师一起完成过类似的修复。

8.（征求领导意见）关于这件事情，领导，您的意见呢？我初来乍到，缺乏工作经验，必须服从命令听从指挥。

9.（虚心求教前辈）在咱们的行业里，学历固然重要，经验更加重要。在座的各位都是前辈，拥有丰富的经验，请你们对我不吝赐教。

10.（积极讨论）这件事情并不是非黑即白的，还有其他可能。所以，我愿意多多尝试。

11.（销售产品）先生，您说其他家的产品价格更优惠，这一点我完全相信。我只是想告诉您，我家产品贵有贵的道理。

12.（表明真心）在我心目中，没有人比你更重要，你是无可替代的。

13.（表达歉意）尊敬的顾客，感谢您选择购买我们的产品，很抱歉产品有瑕疵，我们会尊重您的意见，积极改进产品的功能。

14.（表示认同）我墙都不扶，就服你。

2. 不懂装懂要不得

【经典案例】

有个土生土长的北方人听说南方富庶，特意来到南方做生意。初到南方，他不认识很多东西，也不懂很多事情，但是他偏偏装作什么都知道的样子，为此闹出了很多笑话。

有一天，生意伙伴请北方人吃饭。服务员端上来一盘菱角。为了表示礼貌，生意伙伴让北方人先吃。北方人根本没吃过菱角，又不好意思问，当即拿起一个菱角放到嘴里咀嚼起来。看到他的举动，生意伙伴惊呆了，问道："要把皮剥掉再吃啊，你连着皮吃不硬吗？"北方人明知道自己吃错了，却煞有介事地说："没关系，我刚刚从北方来南方，水土不服，连皮吃掉清热去火。"

生意伙伴摇头说道："我们这里从来没有人吃菱角的皮。你们北方也产菱角吗？"北方人接连点头，说："当然，我们北方盛产菱角，山坡上长了很多呢。"生意伙伴忍俊不禁。

后来，北方人和朋友一起逛街。他们看到路边有人正在售卖良姜。北方人从未见过良姜，更不知道良姜是从哪里长出来的，张口就问："这个东西的产量怎么样？一棵树能产多少斤啊！"他话音刚落，周围人都笑起来了，卖良姜的小贩说道："这位大哥，你一定不是本地人吧。良姜是从土里挖出来的，不是在树上结的。"北方人满脸通红，争辩道："怎么可能！良姜就是长在树上的，我北方家里的院子里就有一棵良姜树。"朋友知道他爱面子，喜欢不懂装懂，赶紧说道："哈哈，各位，我的朋友见多识广，当然知道良姜是从土里挖出来的。他只是看你们有些无聊，故意逗你们开心呢。"听到朋友这么说，北方人瞬间面红耳赤，羞愧不已。

【场景解析】

在这个世界上，没有人是无所不知无所不能的。当遇到自己不会的问题时，我们与其不懂装懂，假装内行，还不如坦白承认自己不知道，这样才好请教他人，学习更多知识。如果在不懂装懂被指出错误之后，依然拒绝承认错误，与他人狡辩，那么只会让自己更加丢人。俗话说，死要面子活受罪，正是如此。

在古希腊，著名哲学家苏格拉底说："我唯一知道的，就是我无知。"就连苏格拉底都承认自己的无知，更何况是我们普通人呢。早在两千多年前，孔子也曾说过，知之为知之，不知为不知。一个人即使知识渊博，敏而好学，也依然会遇到不会的问题。与其挖空心思掩饰真相，不如坦然告诉对方自己不懂得这方面的知识，这样就可以与对方一起学习和查证。

对于自己完全不懂的问题，可以告诉对方自己不知道。对于自己一知半解的问题，可以用探讨的口吻回话。为了避免误导对方，最好使用模糊性的词语，例如也许、可能、大概、应该等。也可以征求他人的意见，询问对方对此有什么见解和看法。

【金句】

1.（承认无知）抱歉，我不知道黑洞是什么，我平时很少看科普类书籍。请您告诉我吧。

2.（求教他人）关于地暖，我可是个门外汉，必须请教您。

3.（虚心好学）抱歉，这个问题，我也不太懂。我们一起去图书馆查阅资料吧，还可以百度一些相关的资料。

4.（虚心讨教）你觉得如何处理这个问题更好？我愿意采纳您的建议，毕竟您是专业人士。

5.（集思广益）目前，我只是觉得你提出的方法不太可行，我也没有想出切实有效的方法。要不，我们召集组员讨论吧。

6.（集思广益）俗话说，三个臭皮匠，赛过诸葛亮。大家一起建言献策，肯定会有所启迪的。

7.（虚心求教）关于如何提高办公效率，我肯定尊重您的意见，毕竟您可是高效专家呢。

8.（表示信任）您从事人力资源行业三十多年了，我相信您一定能打造出一支优质团队。

9.（无条件服从医生）医生，您说怎么治疗，我们就怎么治疗，我们都听您的。

10.（尊重老师）师者，传道授业解惑也，我怎么能不听老师的话呢？

11.（虚心求教）我不懂咱们当地的风俗习惯，还请您多多指教。

12.（承认认知不足）俗话说，隔行如隔山，我真是不懂物流方面的知识。

13.（真诚感谢）一直以来，我只能靠着自己摸索，您的话使我豁然开朗。

14.（抬高他人）我只是顺手帮了您，您却分享给我最宝贵的经验，在这个行业里，您是我的老师和领路人。

3.隔山打牛，借力打力

【经典案例】

战国时期，宋王派商人曹商出使秦国。曹商做了很多准备，终于要出发了。得知消息，宋王又赠送给曹商几十辆马车。曹商带着随从，驾驶几十辆马车，浩浩荡荡地出发了。到达秦国后，他当即拜访秦王，向秦王转达了宋王的问候和敬意，也成功地完成了宋王的任务。不日，曹商准备返回宋国。为了表示与宋国交好，秦王也送给曹商一百多辆大型马车。就这样，曹商回宋国时，车队浩浩荡荡，气势壮大。在路上，他遇到了庄子。

和红光满面、春风得意的曹商相比，庄子形容枯槁，面色如土。看到庄子的样子，再看看身后声势浩大的车队，曹商油然而生自豪感。他高傲地看着庄子，缓缓说道："先生虽然穷困潦倒，却可以编制麻鞋维持生计。我不像先生能自谋生路，只能靠着宋王得到这一百多辆马车罢了。"庄子当然知道曹商故意侮辱他，但是他面色平静，心平气和地回答道："我听说秦王患疮，发布告示召集天下勇士为他治疗。为此，秦王还特意颁布了法令：凡为他挤脓者送一辆车，凡为他舔疮者送五辆车，凡能忍住恶心为他吃疮者送百辆车。看你身后的车队不下一百辆马车，你应该是为秦王吃疮了吧？"庄子话音刚落，曹商就夹着尾巴溜走了。

【场景解析】

在人际交往中，总有些人不怀好意，抓住各种机会以语言侮辱或者攻击他人。面对这些居心叵测的人，最好的办法就是借力打力。简而言之，就是以攻代守，反而能出其不意，攻其不备，使对方瞬间败下阵来。

运用借力打力的方法回话，首先要在听到对方带有侮辱性或者别有用心的话时保持理智和冷静，抓取对方所说的重要字眼，然后围绕这些关键字眼，换一个角度进行分析和论证，最终组织语言扭转局面。这么做远比被他人激怒，生气地转身离开，或者歇斯底里地与对方争辩更好。尤其是在谈判桌上，谈判双方要维护面子上的和平与礼貌，就更是要在对方出言不逊时，深呼吸，帮助自己冷静下来，尽量消除愤怒情绪对自己的负面干扰，开动脑筋明确对方的真实意图，最后进行反击。

在借力打力时，一定要控制好自己的情绪。只要我们保持情绪稳定，对方就不会发疯。只有在情绪稳定的状态，我们才能侧耳倾听对方说了什么，从而一击即中。

【金句】

1.（换位思考）如果我是你的妻子，我绝不愿意继续委曲求全，忍辱负重。

2.（假设身份）如果我是你的老师，我一定会尊重你的选择，哪怕你因为在课堂上看小说而考试不及格，那也是你必须承担的后果。

3.（拒绝拉踩）虽然你说我很丑，但是我却不能睁着眼睛说瞎话，我依然要赞美你漂亮。

4.（坦诚感受）哦，没关系，我知道说瞎话的感觉很难受，毕竟我刚才说了一句瞎话。

5.（坦诚感受）撒谎的感觉真的很糟糕，这一点看你就知道了。

6.（表达遗憾）妈妈，不得不说你的遗传基因真是强大。我要是随爸爸就好了，爸爸多么勇敢啊。

7.（表达想法）告诉你，我绝对不会给一个傻子让路，除非你承认你是个傻子。

8.（反击他人）尊敬的先生，我被狗咬了，可我从来不咬狗。

9.（礼貌谦让）虽然人们都说狭路相逢勇者胜，但是我觉得狭路相逢幸福者退让。我后退，您请先走吧。

10.（无言以对）古人云，秀才遇到兵，有理说不清，我今天可算是见识了。

11.（反驳他人）你听说过自相矛盾吧，你就是这样的，你还是先自证，再试图说服别人吧。

12.（挖苦讽刺他人）你看，这城墙厚吗？告诉你，有些人的脸皮比城墙还厚呢，比如你。

13.（嘲讽他人）智者千虑必有一失，愚者千虑必有一得，世界上大概只有你觉得自己只得不失。

4. 先说好消息还是先说坏消息

【经典案例】

最近，妈妈常常觉得膝盖疼，爬楼梯的时候特别费劲。楠楠特意请了一天假，为妈妈挂了专家号。到了医院，排了半个多小时，终于轮到楠楠和妈妈进入诊室了。医生询问："谁是患者，怎么了？"妈妈赶紧说道："医生，是我膝盖疼，爬楼梯很费劲，爬完楼梯更疼了。"

医生打量着妈妈，问道："看您的年纪，应该有六十了吧。"

妈妈点点头，说："医生，您真是好眼力，我等到过年就六十周岁了。"

医生又说："我有一个好消息，还有一个坏消息，你想先听哪一个。"

听到医生这么说，妈妈很紧张，不安地看了看楠楠。楠楠笑着说："医生，要不您把好消息告诉我妈，等她去检查的时候，您再把坏消息告诉我。毕竟她年纪大了，禁不起吓。"

医生被楠楠逗得笑起来，说道："好吧，好消息是从症状来看，应该是半月板损伤，只要情况不严重，就没有大碍。"说着，医生开了一张检查单，让妈妈去检查。等到妈妈离开，楠楠才问："医生，坏消息是什么？"医生安抚道："你不用担心，坏消息也没有那么坏。你妈妈严重肥胖，体重超标了，需要减肥。"楠楠悬着的心终于放下来，如释重负地说："哦，原来是减肥，吓死我了，还以为有什么严重的后果呢。"医生补充道："更坏的消息是，如果不减肥，继续让膝盖高强度负重，那么半月板损伤严重，很有可能会瘫痪，是需要手术置换人工膝关节的。"楠楠面色严肃，说："这么说来，后果还是很严重的。医生，您放心，我会动员我妈妈减肥的。"

【场景解析】

俗话说，医者仁心。对于医生而言，既有责任把最糟糕的结果告诉患者，也有责任安抚患者，减轻患者的心理负担。面对医生的好消息和坏消息，楠楠作出了特别好的回答。在楠楠聪明机智地做出选择之后，医生也发挥幽默力，循序渐进地把结果告诉了楠楠。

医生每天都要治病救人，除了要诊断病情之外，还要学会与患者沟通。沟通，既是技巧，更是艺术。对于患者而言，宁愿被医生哄一哄，也不想突然之间听到很不好的消息，感觉如同遭遇晴天霹雳。有些医生情商很低，美其名曰开门见山，却丝毫没有考虑到患者的心理承受能力。只有意识到好消息和坏消息是相对而言的，还有可能互相转化，医生才能把话说得委婉到位。

是先说好消息还是坏消息，我们要进行权衡。如果好消息足够好，能够抵消坏消息，那么不妨先说好消息，让坏消息无法在他人心里激起波澜。如果坏消息很坏，哪怕再多的好消息也无法抵消坏消息，那么则要先做好安抚工作，还可以先透漏一些风声，让对方做好心理准备。总而言之，不管是听还是说，不管是好消息还是坏消息，都要根据对方的情况酌情考虑和决定。

【金句】

1.（通知领导坏消息）领导，我搞定了那个客户，但是他的款项会拖延几天才能到账。

2.（告诉父母考试分数）妈妈，告诉你哦，我们班的数学平均分只有76分，但是我考了93分。

3.（指出不足）只要签了合同，钱总会到账的，你已经很厉害了，要是下次能预定更早付款，那就太好了。

4.（说明情况）领导，我完成了策划案，但是客户不太满意。

5.（先说好消息）经理，好消息，我完成了本月的销售任务，但是上个月的一个客户取消了订单。

6.（后说坏消息）老婆，我升职加薪了，但是需要外派上海一年。

7.（补偿客户）张姐，我为您申请到了最大折扣，不过，不能再送您额外的礼品了。

8.（乐观表达）虽然病理结果显示是恶性肿瘤，但是分期很早，手术切除就行，不需要放化疗。

9.（双重好消息）对方提供了更有力的证据，我们也找到了目击证人。

10.（美中不足的情况）我搞定了最难缠的客户，但是他的订单金额不大。

11.（实现内心平衡）我们虽然要为这次失误付出代价，但是下次就有经验可循了。

12.（寻求心理安慰）你听说了吗？咱们的年终奖翻番了，但是过年少放三天假，大家都要加班。

13.（自我安慰）虽然我们部门要合并了，不过合并之后所有人的薪酬都提高一级。

14.（美中不足的情况）我今年带毕业班，有高额补贴，假期却减少了。

5. 适时放大，适时缩小

【经典案例】

这天，妈妈外出买菜回家，就听到儿子和媳妇正在吵架。妈妈放下手里的菜，走到客厅，发现媳妇被儿子气得直掉眼泪。妈妈不由分说，劈头盖脸地数落儿子："张强，你是怎么回事，小静是远嫁，离亲人很远，你不让着她，怎么反而欺负她呢。"听到妈妈的这句话，小静哭得更伤心了。

这个时候，儿子委屈地说："妈妈，你能不能先问问怎么回事，再发表意见啊。"妈妈生气地说："我不想问，你欺负小静就是不行。告诉你，你再敢欺负小静，我就把你赶出家门，让你去外面流浪，别想着下班回家好吃好喝地伺候你。"儿子被妈妈如同连珠炮一样数落，等到妈妈终于停下来，儿子才说："妈妈，你知道的，我一个月工资才6000多，她一个月工资才3000多，两个人加起来还不足1万块钱呢。她居然花了两万多买了个包包，我就问问她什么场合需要背两万多的包包，是不是接下来半年不吃不喝了，她就开始撒泼。"

妈妈恍然大悟，心里忍不住心疼那两万多块钱。但是，她依然向着媳妇，说道："买两万多一个包包怎么了，又不是天天买。你还记得你结婚的时候一穷二白，连房子都没有，小静都没要彩礼钱，就嫁到咱们家了吗？别说两万多一个包包，她就是买5万块一个金手镯，你也不能说她。"小静抬起头看着妈妈，说道："妈妈，我的确是冲动了。我身边的小姐妹买了这个牌子的包包，整日炫耀，我脑门一热就买了。其实，买这么贵的包包有什么用呢，买金手镯最起码保值。"小静话音刚落，妈妈又开始批评儿子："听听，小静还知道自我反省，你呢？就会狗叫狗叫的，赶紧滚回房间反省去。"说完，妈妈温柔地对小静说："来吧，小静，妈妈给你做糖醋排骨吃，你跟我去厨房打下手，好不好？"小静破涕为笑，高兴地跟着妈妈一起去了厨房。

【场景解析】

俗话说，家有一老，如有一宝。作为儿媳妇，遇到上述案例中的妈妈，肯定有福气。妈妈没有偏向儿子，看到远嫁的儿媳妇被气哭了，妈妈当即和儿媳妇站一队，夸张地训斥儿子。即使在得知儿媳妇花那么多钱买包包，特别心疼时，妈妈也没有表现出来，而是历数儿媳妇当年不要彩礼和儿子裸婚的光荣历史，这么说既表扬了儿媳妇，缩小了儿媳妇的错误，放大了儿媳妇的优点，也引导儿媳妇自我反思，最终让儿媳妇认识到自己的错误，进行了反省。由此，就达到了沟通的目的，且全家人都能解开心结，消除隔阂。

在人际沟通中，只有学会适时放大，适时缩小，才能化干戈为玉帛，让矛盾消散于无形。除了和家人相处要如此之外，和朋友、同事，以及陌生人相处，也要讲究方式方法，尤其是回话时要三思而言，以正确的策略组织语言，让沟通事半功倍。具体来说，要学会换位思考，理解他人的苦衷；要主动退让，所谓退一步开阔天空，咄咄逼人是无法解决问题的；要理智权衡，想明白不同做法的后果，才能决定如何说，怎么做，争取得到最好的结果；最后要坚持公平公正的原则，不偏袒任何人，多说良心话，才能打动人心。

【金句】

1.（承担责任，争取权益）作为男人，当然要养家糊口，但是也需要一点儿零花钱，这是合理要求吧。

2.（询问具体做法）的确，我很赞同你的想法。那么，你准备具体怎么做呢？

3.（说明家庭开销）这是咱们家的开支明细，养孩子每个月就要三千。你觉得，吃喝拉撒花费三千算多吗？

4.（表示能力不足）这项任务实在是太艰巨了，我觉得自己不能胜任。您还是考虑其他人吧。

5.（表示认可）小关，你也是咱们公司的老员工了，你的能力大家都有目共睹。

6.（号召大家齐心协力）俗话说，养兵千日，用兵一时。现在，该到大家为公司做贡献了，你们可不要让我失望啊。

7.（告诉父母离婚的决定）妈妈，我想离婚，我再也不想和刘峰一起生活了，我受够他了。

8.（劝说接受某个人）其实，冰冰也没有那么糟糕，她还是很贤惠的，只是脾气坏点儿，是一个顺毛驴。

9.（劝说妻子欣赏丈夫）傻孩子，孙强老实本分，对你一心一意，每天一下班就回家，还把所有工资都交给你，这样的男人可是打着灯笼都难找啊！

10.（提振竞聘的信心）这次内部竞聘，我觉得你很有希望成功当选部门主管，我看好你。

11.（委婉拒绝领导的提拔）老领导，我知道您一心一意为我好，不过我很清楚自己的能力和水平。其实，我不太适合从事管理工作。

12.（表达不想调动工作的想法）领导，我充其量能把自己管得很好，根本不擅长管理别人。我想，您要是同意，我还是继续当一线销售人员吧。

13.（催促客户把握优惠）刘先生，我可是费了九牛二虎之力才为您申请到这个折扣，您一定要抓紧啊！

14.（劝说父母放飞孩子）孩子有出息了，才离开父母去奔前程，我们该为孩子感到高兴才是！

6. 转移话题，应对长辈催促

【经典案例】

又要过年了，严格很担心回老家过年会被爸爸妈妈和七大姑八大姨盘问。但是，如果不回家，那么过年就会很孤单、很无聊。左思右想，严格依然决定回老家过年，毕竟他很想爸爸妈妈。

得知严格到家的准确时间，妈妈早早地准备好丰盛的饭菜，终于等到严格日上三竿醒来，妈妈先是热情地招呼严格吃饭，等到严格拿起筷子夹起一块排骨，妈妈忙不迭问道："严格，你的研究生考试准备得怎么样了？"严格忍不住皱起眉头，说道："妈，大过年的，咱们能不能说点儿开心的事情呢？你也知道，我都考了两次研究生了，依然没有结果，我还不一定想继续考呢。"听到严格的话，妈妈着急了，说："那怎么行呢，你本科就没上好大学，当时就计划考研究生镀金的，否则，你拿着不入流的本科文凭，永远也找不到好工作。"严格压抑住糟糕的心情，说道："妈妈，有好文凭也未必能找到好工作，你看看我大舅家的表哥，985毕业呢，听说去年还送过外卖，对吧？我在公司里发展挺好的，领导也器重我，我想暂时把精力用在工作上。至于考不考研究生，就等以后再说吧。"严格的一番话说得妈妈眉开眼笑，妈妈问道："你是说老板很器重你啊。要是这样的话，先好好工作也行，毕竟好机会不是天天都有的。要是到时候，领导出钱让你公费读研究生，那就更好了。"严格笑而不语，闷头吃饭。

【场景解析】

通常情况下，只有那些关心我们的人，才会催促我们考研、恋爱、结婚，关心我们生活的点点滴滴。既然如此，哪怕是被问到一些隐私，我们也不能表现得不开心。在上述案例中，面对妈妈追问考研究生的情况，严格很耐心地向妈妈解释了自己当下要集中精力发展事业，还承诺未来会根据现实的情况决定是否考研究生，从而转移了妈妈的注意力，让妈妈从为严格能否考上研究生而焦虑，到为严格得到老板的赏识和器重而开心。现代社会中，很多年轻人都很有主见，他们知道自己想要怎样的人生，也愿意为了实现理想和梦想而不懈追求和奋斗。作为父母，或者其他长辈，固然特别关心孩子，却要把握好合适的度。反过来看，作为年轻人面对长辈关切的询问，也要学会以转移注意力的方法，让长辈的关注点发生转移。总之，爱我们的人都是为了我们好，我们拒绝他们的好心要讲究方式方法，有的时候也可以适当妥协让他们安心。

【金句】

1.（被催婚，巧妙反问）大姨，我知道我已经三十岁，我都不着急，您着什么急呢？

2.（给对方吃定心丸）缘分强求不来，放心吧，我的缘分一定会到来的。

3.（表示缘分天注定）月老的红线牵着我呢，只是你看不到而已，我会找到真命天子的。

4.（表现自信）妈妈，放心吧，你闺女可不是一般人，追求我的人多着呢，你要容我慢慢挑选啊。

5.（引导父母夸赞弟弟）对啊，既然我弟弟家的孩子都会打酱油了，您还催我结婚干什么。

6.（让爸爸耐心等待）爸爸，你放心，婚我肯定是要结的，我只是暂时没找到合适的人选而已。

7.（安抚舅妈）舅妈，我明年一定带着女朋友回来过年，您就放心等着吧。

8.（唤醒长辈的爱）姑姑，你最疼爱我啦，你当然不想看到我仓促找个不那么喜欢的人结婚，对不对？

9.（当大伯催婚）大伯，我一直在努力寻找呢，你就等着好消息吧，应该快有好消息了。

10.（表现出对婚姻的慎重）婚姻大事，我可不想凑合，我必须耐心地寻找。

11.（让妈妈过精彩的退休生活）妈妈，带孙子多累啊，您才刚退休，再过几年清闲日子吧。

12.（拒绝相亲）阿姨，我不想用相亲的方式把自己嫁出去，我还没玩够呢。

13.（引导催婚者一分为二看待问题）结婚有结婚的好，单身有单身的好，我现在还不想结婚呢。

7. 涉及隐私问题，顾左右而言他

【经典案例】

每年回老家过年，陈培都感到头疼，因为春节亲朋好友欢聚一堂，那些长辈对于他这样常年在外生活的晚辈，总是怀着强烈的好奇心，还变着方法打探他的隐私，诸如他有没有女朋友，每个月赚多少钱，在公司里担任什么职务等。就连爸爸妈妈的那些老同事，也会抓着他问个不停。

今年，直到腊月二十七，陈培才回到家里。他原本以为亲戚朋友已经互相串过门了，没想到他前脚刚到家，爸爸那头的姑姑和叔叔就来了。姑姑亲热地抓着陈培的手，嘘寒问暖："培培啊，小时候你最喜欢姑姑了，总是要姑姑搂着你睡觉，一眨眼都长这么大了，还留在大城市工作。我听说大城市薪水高，你都上班五六年了，月薪肯定上万了吧。"就算爸爸妈妈问收入问题，陈培也很抵触，更别说是姑姑问了。但是，陈培不能以一句"这是我的隐私"回答姑姑，他讪笑着说道："姑姑，城市里虽然薪水高，但是消费也高。您看，家里的萝卜青菜都不花钱，赶集只买点儿荤腥就行，在城市里喝口水都要花钱，可没有什么是免费的，而且物价很高。我问了妈妈，集市上排骨18块钱一斤，我们那边的超市里42块钱一斤。我也就能吃饱穿暖吧。"

姑姑对于陈培的回答并不满意，叔叔也在一旁帮腔："培培，你这个小家伙长大了，知道财不外露了。放心，姑姑和叔叔都不跟你借钱。"陈培苦笑着说："叔叔啊，你千万别这么说，我可不是怕你们借钱。相反，你们看，我这么大了都没找到女朋友，就是因为在城市里没买房子。我还想着向你们借钱买房呢。"姑姑赶紧说道："你这个小崽子，我们哪里有钱借给你啊，家里还欠着外债呢。"很快，姑姑和叔叔就告辞了。

【场景解析】

作为在城市工作的年轻人，每当回到家乡面对亲戚朋友的盘问时，如果不想透露隐私，不妨学会踢皮球、打太极的方法敷衍对方。例如，当叔叔和姑姑追问陈培的薪水时，陈培张口向叔叔和姑姑借钱，叔叔和姑姑自然不会再继续追问。此外，还要学会转移话题，或者顾左右而言他，都能让对方知难而退，或者识趣地不再多问。记住，不管以怎样的方式逃避回答问题，都要维护好与亲戚朋友之间的感情，慎重地回答，既不要夸大其词，也不要过分自我贬低。

我们虽然在城市生活，但是父母还要在家乡生活呢，与亲戚朋友低头不见抬头见，总要面子上过得去才好。

人人都有一颗八卦的心，尤其是对于那些原本熟悉现在却变得越来越陌生的人，例如在外定居的同学等，更是恨不得把对方现在的生活和工作情况打听得清清楚楚。我们既不能沉默以对，也不能毫无保留地和盘托出。所谓逢人只说三分话，不可全抛一片心。只有把握好分寸，该说的说，不该说的不说，才能减少麻烦和猜忌。

【金句】

1.（向亲戚哭穷）大姨，大城市房子那么贵，我在城市这么多年也买不起房子。

2.（当被问到收入时）姑姑，你可真坏，居然问我工资，太低了，我不好意思说。

3.（当被问到是否买房时）叔叔，我一直租房子住。城市的房子特别贵，我不敢想买房子的事情。

4.（买了新车，亲戚羡慕）买车便宜啊，买房就遥遥无期了。

5.（亲戚要求安排工作）我只是个小小的部门经理，可没本事给表弟安排工作。

6.（亲戚想让我介绍工作）我们公司最近正在裁员，我都朝不保夕，怎么给表姐介绍工作啊！

7.（被问到个人问题）我在大城市打工，每天累得跟牛马一样，没心思谈恋爱。

8.（当被求助找工作时）我们公司有专门的人力资源部门负责招聘，像我这样的普通职员没资格推荐熟人入职。

9.（当被求助介绍工作时）如果你想去我们公司，我可以帮你投递简历，但是你只能等面试通知。

10.（当被亲戚羡慕在大城市工作时）阿姨，大城市生活压力特别大，赚得多花得更多，我还羡慕表弟在老家当公务员呢。

11.（当亲戚要给你介绍对象时）我已经有男朋友了，明年带他回家过年。

12.（当亲戚张口借钱时）我工作一年也没攒下几万块钱，想帮你也帮不上。

13.（当亲戚想借钱时）舅妈，实在对不起，我每个月都要还月供，只能省吃俭用还钱，根本没有余钱。

14.（当有人打听女友的情况时）就凭我这样的，怎么可能结交富二代女友呢，我女朋友父母都是普通公务员。

15.（当有人打听配偶的家庭情况时）我老公可不是富二代，家里也没有钱。

16.（当亲戚刨根问底时）我们一家三口单过，只有逢年过节才去公婆家里，我对他们的情况不是很了解。

17.（当亲戚打听以后谁带孩子时）抚养孩子是我们作为父母的责任，我岳父母终于熬到退休了，该好好休息了。

18.（当被问及婚后生活时）我老公是独生子，但是我们不准备和公婆一起生活，毕竟距离产生美么。

19.（当被问到婆媳关系时）我婆婆特别开明，所以我们没有婆媳矛盾。

20.（当被问到翁婿关系时）我和岳父是忘年交，一见如故，相谈甚欢。

8. 制造悬念，给人思考的机会

【经典案例】

因为伊诺技能过硬，表现突出，所以公司派伊诺参加市里举办的技能比赛。这次比赛为期三天。为了保证比赛的公平性，在比赛期间，所有参赛选手都要上交手机，不许与外界取得联系。伊诺的妻子王艳在家里等得心急如焚，她特别想知道比赛结果，却不知道该问谁。直到第三天晚上六点，比赛终于结束，王艳赶紧拨通了伊诺的手机。

此时，伊诺刚刚离开比赛场地，正去往宿舍，准备收拾东西回家呢。王艳焦急地问道："伊诺，比赛的结果如何？你的名次怎么样？"伊诺突然间想逗一逗妻子，故意以失落的语气说道："亲爱的，真是人外有人，天外有天啊。没出来比赛之前，我觉得我已经是技术冠军了。但是，我遇到的对手比我更优秀，在某些方面，我远远不如他们。比赛的竞争特别激烈，你觉得结果会如何呢？"王艳小心翼翼地问道："难道你落榜了吗？我还以为你十拿九稳呢。"伊诺不置可否地说："我只是让你猜猜，难道在你的心目中，我就是这么弱吗？"

听到伊诺的话，王艳更加纳闷了，既不能肯定伊诺取得了好成绩，又不能肯定伊诺的成绩很糟糕。她嘀咕道："你是不弱，但是对手更强啊。"

伊诺忍不住哈哈大笑，说道："亲爱的，我可是冠军啊！"王艳悬着的心才放下来，当即着手准备丰盛的晚宴迎接伊诺回家。

【场景解析】

如果伊诺迫不及待地告诉妻子他取得了好成绩，那么妻子当然会欣喜若狂，却不会感到惊喜。正是因为伊诺故意隐瞒比赛结果，由此制造悬念让妻子猜测，又假装很失落，所以妻子在一波三折知道比赛结果后，才会如释重负，喜出望外。

在人际沟通中，适时制造悬念，向他人卖关子，可以让喜悦成倍增长。如果结果不好，那么制造悬念，引导对方猜测不好的结果，还能起到心理上的缓冲作用，让人做好心理准备，接受不那么理想，甚至糟糕的结果。由此可见，制造悬念对于营造沟通的氛围，推进沟通大有裨益。

说话制造悬念，仿佛写文章引人入胜，都能让语言表达更加精彩，增强吸引力。细心的朋友会发现，那些说书先生在讲述长篇故事时，除了通过表情、语调等营造氛围之外，还会在紧要关头突然沉默，让听众且听下回分解。可想而知，听众一定对下面的故事情节充满好奇，等到继续听书时就会聚精会神。给人回话也是如此，适当卖关子能增强吸引力，适时陷入沉默也能让观众用心倾听。每个人都有好奇心，抓住了他人的好奇心，才能起到主导作用。

【金句】

1.（看到有人不开心）小米，我有个好消息，你想听吗？

2.（研究生考了高分）姐姐，你猜我研究生考试多少分？我看看你能不能猜得准。

3.（客户想要礼物）张先生，我给您申请了一份礼物，您猜猜是什么？

4.（老公拿到了高薪）老婆，你猜猜我这个月拿到多少薪水？

5.（对方感到很好奇）你先猜猜看，你可以猜三次。如果猜得特别准确，可有额外的奖励哦。

6.（对方又饿又馋）闻到香味了吗？猜猜今天中午吃什么吧？

7.（对方很想去旅游）我要带你去你最想去的地方旅游，你知道是哪里吗？

8.（员工迫切想知道年终奖）大家不妨大胆地猜测一下，咱们今年的年终奖是多少？我保证大家满意。

9.（面对迫切想知道分数的人）怎么说呢，我的高考成绩是高中以来的最高分，你猜猜是多少分吧。

10.（面对想成交的销售员）下个月会有促销活动，你猜总部会定哪一款机型进行促销？

11.（面对期待涨薪的同事）工资涨幅前所未有地大。你要是猜不出来，等到领工资的时候就知道了。

12.（面对需要金钱援助的妻子）这是你未来婆婆给你的银行卡，你猜里面有多少钱？

13.（面对好奇又着急的人）你只管大胆地猜，总之，一定不会让你失望的。

14.（面对迫切想知道的人）我有一个天大的好消息要告诉你，你先猜猜看。

第八章
因人制宜顺时势，
漂亮回话易受欢迎

人人都想听好听话，而不想听难听话。既然如此，我们在给他人回话时，就要争取把话说得打动人心，唯有口吐莲花，字字珠玑，我们才能不管走到哪里，都受人欢迎。

1. 同样的意思，不一样的表达方式

【经典案例】

很久以前，有个国王做了一个特别奇怪的梦。在梦里，他被人追杀，敌人抓住了他，把他打得鼻青脸肿，满嘴的牙齿都掉光了。他特别害怕，从梦中惊醒，直到第二天依然心有余悸。国王觉得这个梦不是个好兆头，始终心神不宁，因而找来两个解梦的人。

国王把自己的梦境描述给第一个解梦的人听。第一个人高兴地恭喜国王，说道："尊敬的国王，这个梦非但不是坏兆头，反而是个好兆头。这个梦意味着您在所有亲人之中，将会活得最长久。"第一个解梦者话音刚落，国王就喜笑颜开，当即命人拿出金银珠宝，赏赐给解梦者。

等到第一个解梦者离开，国王又召见第二个解梦者。国王同样描述了一遍梦境。解梦者认真听着，掐指一算，说道："尊贵的国王，这个梦的意思可不好啊，它预示着在所有亲人都去世之后，你也不能独留于世，会很快死去。"听完这番话，国王勃然大怒，马上命人把解梦者拖出去，打了五十大板。第二个解梦者被打得屁股开花，奄奄一息。

【场景解析】

我们只要认真想一想，就会知道第一个解梦者和第二个解梦者表达的方式虽然不同，但是所说的意思却完全相同，既可以说成国王是整个家族里最长寿的人，也可以说成国王会在亲人全都去世后去世，一个不留。两个解梦者因为回话的方式不同，得到了不同的对待，前者得到了金银财宝作为赏赐，后者却险些被打得丢了性命。归根结底，第一个解梦者情商很高，善于表达，回话使国王心花怒放，第二个解梦者则情商太低，不会说话，回话使国王龙颜大怒。

好口才能帮助人们化解危机，逆转命运，糟糕的口才却有可能招来杀身之祸。在现实生活中，不管与谁交谈，都要注意表达的方式。例如，给老人回话，最好说些吉利话，不要说生老病死等沉重的话题，否则就会使老人联想起自己生命已经进入尾声，蓦然生出悲凉之意。和孩子说话要活泼欢快，充满希望，表达对孩子的殷切期望。和年轻人说话，要多多鼓励年轻人，相信年轻人会实现梦想，做出伟大的成就。总之，只有注意表达的方式，才能把话说得让对方开心。

【金句】

1.（面对缺乏信心的销售人员）你天生适合做销售，只要好好干，一定能当销售冠军。

2.（面对自我怀疑的学生）你是老师最优秀的学生之一，就算不相信自己，也要相信老师。

3.（当妻子对未来没有信心时）牛奶会有的，面包也会有的，好日子一定会到来的。

4.（客户想要申请最低折扣）小刘，我相信你作为金牌销售，一定能向领导帮我申请到最低折扣。

5.（领导总是空洞地承诺）领导，您别再画大饼了，我们要吃要喝要养家糊口啊！

6.（面对人心涣散的团队）大家要齐心协力，不要把自己当成打工者，而要把自己当成公司的主人，公司一定会越来越好的。

7.（面对一团糟糕的现状）没有人愿意出现这样的结果，我们要齐心协力解决问题，而不是互相抱怨。

8.（面对不想治疗的患者家属）患者是因为考虑到经济问题才放弃治疗吗？其实，现在社保报销比例很大，能够减轻个人的负担。

9.（面对胡搅蛮缠的当事人）律师不是狡辩，而是要根据现实，以法律为依据，为当事人辩护。你这样不停纠缠，真的没有意义。

10.（面对信任自己的领导）领导，感谢您的信任，我一定拼尽全力，争取圆满解决问题。

11.（面对侮辱孩子的老师）作为父母，我们当然会管教好孩子，全力配合学校和老师的工作，但是我们不允许老师侮辱孩子的人格。

12.（面对不满折扣的顾客）王姐，我真的已经尽力为您申请优惠了，您也知道我只是个打工的，没有那么大的权限。

13.（面对犹豫不决的客户）正值我们商场开业一周年庆典之际，折扣力度空前，您可要抓紧时间考虑啊！

14.（面对人力资源主管）在这次培训上，我发现很多新人都特别懒散，还很焦躁，公司要想聘用他们，需要好好调教他们。

2. 不要擅自做主——给领导回话

【经典案例】

自从进入公司，童彤充满干劲，才几年就升任部门主管，深得上司器重。前段时间，童彤的顶头上司张总调到其他城市担任总经理，刘总走马上任，成为童彤的新上司。这天傍晚，刘总特意把一项艰巨的任务交给童彤，说道："这项任务很重要，交给别人，我不放心。张总和我交接工作时，几次三番地夸你，所以我第一时间就想到你了。明天，你就带着几个队员去外地开展项目吧。"

当天晚上，童彤就召集组员开会，商议出差的具体安排。有个组员说："目的地距离咱们这里说远不远，说近不近。坐飞机太贵，坐高铁也不便宜，而且不管是坐飞机还是坐高铁，到了目的地都没车开，很不方便。要不，我们把部门的车开去吧。"其他组员也纷纷附和。后来，全组人员协商一致。童彤冒冒失失地给刘总打电话，说："刘总，我召集组员商议了一下，觉得出差的路途有些尴尬，不远不近的，还是决定开车去。请您给相关部门打个电话，我明天一大早就去开车。"原本，童彤以为刘总会当即同意，却没想到刘总却不冷不热地说："开车去？谁批准你们的？我觉得坐火车去就行。到了当地，可以搭乘公交车，着急就打车。你们把车开走了，你们是方便了，公司里剩下的人怎么办呢？"童彤被刘总一番抢白，半天没说出话来。

213

【场景解析】

在这个案例中，童彤虽然有拼命三郎的精神，却不擅长给领导回话。对于老上司张总，他们彼此熟悉，配合默契。对于新上司刘总，再以同样的方式回话，则会给刘总留下擅自做主的糟糕印象。作为下属，应该把三个选项都提供给上司，让上司做出定夺。童彤可以说："刘总，我和组员碰了一下头，大家认为可以乘坐飞机、高铁出行，也可以开车出行。您觉得哪个方案更合适，请您决定。"这么回话，既给了上司面子，也把决定权交给上司，上司肯定会积极地决策，还可以趁机表示对下属的关心和支持，可谓皆大欢喜。

下属给上司回话，最忌讳擅自做主，以通知的口吻告诉上司自己的决定，这既是无视上司，也是藐视上司。作为下属，一味地埋头苦干是不行的，既要兢兢业业，也要学会和领导沟通，才能赢得领导的赏识和器重。有的时候，赢得领导的关注非常重要，这意味着我们的一切努力和付出都会被领导看在眼里。

在意识到给领导回话的方式错误，招致领导反感之后，要当即补救。记住，不要向领导解释，更不要试图推脱责任，因为当你这么做时，意味着你认为领导小肚鸡肠，甚至还担心领导会给你小鞋穿。应该假装自己没有擅自做主，真诚地向领导请示，贯彻执行领导的决策。在未来的合作中，牢记凡事请示领导的原则，给予领导足够的尊重和重视。

【金句】

1.（领导安排任务）领导，谢谢您对我的信任，把这么重要的事情交给我。

2.（领导有些担心你的能力）杜总，请您放心，我一定会全力以赴，不辱使命。

3.（不知道如何推进）主管，我有点儿拿不准，您觉得这件事情是要推进得快一些，还是慢一些呢？

4.（面对领导的号召）冯经理，等到您明天在公司里宣布这件事情时，我第一个报名吧。

5.（当领导需要当众支持时）您放心，我一定起到带头作用，我还会私下动员几个和我关系比较要好的同事报名，您觉得呢？

6.（面对追求浪漫的妻子）婚礼就用你最喜欢的颜色作为主色调吧，等你决定了，我再和婚庆公司签约。

7.（接待老年团队的导游）经理，我们明天要接待的大型旅游团以老年人为主。我建议把爬山的项目换成去度假村娱乐休闲，毕竟老年人体力没那么好。

8.（面对销售部经理要调整价格）作为一线销售人员，我强烈建议降低价格，否则没法与同类型品牌的产品竞争。

9.（面对需要了解市场行情的领导）领导，我了解了市面上几款产品的价格和销售情况，这是详细表格，请您过目。

10.（在商讨完事情之后）对于这件事情，我们部门经过商讨认为可以采取 XX 方案，请您最后定夺。

11.（面对营销部门的质疑）我认为，不应该打价格战，否则也会摊薄我们的利润。我们可以从提升产品品质、完善细节方面着手。

12.（面对发展教培事业的合伙人）现在教培市场普遍不好，不如我们改行做托管吧，以优质辅导为特色。

13.（面对产品研发部经理）关于这款产品，我们提出了几个改进意见，请您看看是否可行。

3. 态度积极，语言甜蜜——给爱人回话

【经典案例】

赵刚特别爱喝酒，每天下班回家都要端起酒杯，喝三两白酒。他酒量很好，偶尔也会和同事、朋友一起喝酒。周六，赵刚和许久未见的几个哥们相约喝酒，一直喝到半夜三更才回家。他喝得醉眼昏花，根本看不清楚门上的密码锁，几次按密码都出错了，又担心敲门会吵醒孩子，只好给妻子打电话。

听着赵刚醉醺醺的声音，妻子生气地说："你是谁啊，半夜三更给我打电话，我不认识你。"赵刚当然知道妻子在生气，他赶紧赔着笑脸说道："亲爱的，我是你的丈夫啊，你是不是睡迷糊了，把我忘记了呀。"妻子不搭理赵刚这茬，又说道："我丈夫不在家，你找错人了。"赵刚温柔地说："亲爱的，我就是你的丈夫。你看看我多么爱你啊，哪怕喝多了酒，也能找到回家的路，始终记得你是我最爱的妻子。"赵刚的这番话虽然没有完全消除妻子的怒气，却让妻子的心变得柔软起来。妻子披着衣服给赵刚开门，赵刚一进门就把妻子抱在怀里，说："老婆，以后我不和他们一起喝酒了，我就在家里和你一起喝酒，以免你一不高兴就把我忘记了。"妻子被赵刚逗得笑了起来，嗔怪道："快点儿去洗洗睡觉吧，浑身酒气臭死了。"

【场景解析】

在婚姻生活中，很多夫妻都会因为一些鸡毛蒜皮的小事而争吵，要想大事化小，小事化了，消除矛盾，让爱情蜜里调油，关键在于学会沟通和表达，尤其是当对方带着情绪抱怨或者指责时，一定要以高情商的方式回话。回话回得好，能让对方消除愤怒；回话回得不好，则很有可能火上浇油，使对方更加生气。

在上述案例中，赵刚喝得醉醺醺地半夜才回家，醉眼蒙眬连密码锁都打不开了，妻子当然会生气。但是，当听到醉意很深的丈夫依然不忘表白爱意，逗自己开心时，妻子瞬间觉得喝醉酒的丈夫也有可爱之处，因而原谅了丈夫。这就是高明回话的魔力。

在人世间，夫妻关系虽然特别亲密无间，却也会因为一些事情而生出嫌隙。不管是男人还是女人，要想经营好爱情，就要学会给对方回话。正如英国著名作家夏洛蒂·勃朗特所说的，女人是太阳，男人是月亮，只有日月同辉，世界才会更加美好。在家庭生活中，男人和女人要彼此深爱，心有灵犀，说一些让对方开心和温暖的话，家庭氛围才会和谐融洽，充满柔情蜜意。

【金句】

1.（面对生气的妻子）等等，你虽然收拾好所有的衣物，但是你忘记了最重要的东西，那就是我。

2.（面对离家出走的妻子）就算离婚，我也是属于你的，你无论走到哪里，都要带着我。

3.（面对饥肠辘辘的妻子）亲爱的，你晚上想吃什么？我给你做。

4.（面对辛苦工作的丈夫）老公，你每天工作都很辛苦。你放心，我一定管好家，让你没有后顾之忧。

5.（面对冻得瑟瑟发抖的老婆）老婆，太冷了，我先去开空调，你等屋子里暖和了再起床吧。

6.（当老婆感谢你时）亲爱的老婆，我是男人，养家糊口天经地义，你该花钱尽管花，可别跟我客气。

7.（当老婆对婆婆有意见时）媳妇，我知道你和我妈合不来，不过你是和我过日子，咱们才是一家人。

8.（当老公嫌弃老婆网购成瘾时）老公，你看我买了这么多快递，没有一个是给自己的，这都是我对你和孩子沉甸甸的爱啊。

9.（当老公感谢老婆时）老公，你可真是有福气，居然娶了我这么个善良贤惠又顾家的媳妇。

10.（面对等待自己回家的老婆）对不起，老婆，我工作上有点儿事情需要处理，回来晚了。

11.（面对又冷又饿的老公）老公，谢谢你为了全家人的幸福生活而辛苦打拼，我已经为你煮好了鱼汤面，正在锅里温着呢。

12.（面对一件重大的事情）老公，既然你给了我那么大的权力，这件事情我就擅自做主了哦。

13.（面对当家做主的老婆）老婆，你可不是擅自做主，而是行使你当家人的权利。你忘记了吗，我是脑袋，你是脖子，我转向哪里，全凭你说了算。

14.（当老婆丢了手机时）不就是丢了手机么，没关系，旧的不去，新的不来。

15.（当老婆心疼他手机时）媳妇，其实，我早就想给你买一部新手机了，感谢老天爷让你和旧手机说再见。

16.（当老公想自主创业时）老公，不管你想做什么事情，我都支持你。家，就是你的后盾。

17.（当老婆想外出工作时）媳妇，我当然支持你出去工作，因为你在工作中能得到不一样的快乐。

4. 态度温和，尊重耐心——如何回复长辈有争议的问题

【经典案例】

七年前，老朱患上肺癌，幸亏发现及时，手术切除了三分之一的肺，后来又做了基因检测，吃了适用的靶向药，才能平安无事地度过七年。今年夏天，老朱觉得肩膀很疼，怀疑是肩周炎，因而去医院做了核磁检查。结果显示，老朱的肺癌已经转移到骨头，破坏了骨质，而且已转移到淋巴，有迅速恶化的趋势。老朱左思右想，决定放弃治疗。他自知时日无多，特别喜欢和儿子聊天，也会叮嘱儿子一些身后事。

这天，老朱对儿子说：“志新，我没多少日子了。七年前，正是因为你督促我去医院检查，我才能及时发现和治疗肺癌，又多活了这么些日子。爸爸谢谢你。”儿子说道：“爸爸，这都是我该做的，我没有照顾好你，没有第一时间发现癌细胞转移。”老朱说：“不能这么说，生死有命，富贵在天。我能多活七八年已经是很幸运了。关于以后，我想回老家，葬到你

爷爷奶奶的身边。但是，你妈妈不同意，我想让你做做你妈妈的工作。"

儿子沉思片刻，说道："爸爸，我理解你的想法，毕竟你是独生子。不过，我不保证能说服妈妈。我也理解妈妈，她和奶奶是冤家对头。我想问你，如果妈妈坚决不同意你葬回老家，你是独自回爷爷奶奶身边，还是留在这里，等着妈妈和你团聚呢。"爸爸似乎很为难，思考良久也没说话。儿子继续说道："其实，父母养育孩子，注定是一场分离。孩子长大了，就会离开父母，飞向属于自己的广阔天空。你不管做出什么决定，我都会按照你说的去做。"

儿子的一番话最终让爸爸释然，他说："如果你妈妈不想葬回老家，那么我也留在这里，等着和她团聚。你说得对，孩子不可能永远和父母在一起，守护自己的家才是最重要的。如果真的有灵魂，那么我可以去看望我的父母。"儿子也欣慰地笑了。

【场景解析】

生老病死是人生的自然规律，每个人从一出生就踏上了向死而生的旅程。在漫长的人生旅途中，死亡也许突然降临，也许会给人一段时间告别。无论以怎样的方式面对死亡，死亡终究是沉重的。作为儿子，眼看着父亲的生命渐渐逝去，内心的悲痛可想而知，本该尊重父亲的意愿，却要考虑到母亲的意见。在回复父亲的话时，儿子经过了慎重的思考，没有偏向父亲或者偏向母亲，而是以中立者的姿态考虑各种情况，让父亲做出选择。这才是尊重父亲的表现。

和年轻人欣欣向荣，喜欢畅想未来相比，老年人则喜欢回忆过去，这是因为老年人的生命开始走下坡路，从辉煌到落幕，他们唯有谈论过去才会感到骄傲和自豪。作为子女，陪伴老年人时要耐心，无论他们第几次谈论起过去，始终都要积极地回应他们。如果老年人自知时日无多，说起身后事，年轻人不要因为忌讳死亡而回避，而是要正视死亡，和老人讨论如何办理后事，这样才能让老人感到安心。总之，回老人的话，既要尊重老人，耐心对待老人，也要怀着豁达的人生态度，和老人一起探讨生与死这个永恒的哲学命题。

【金句】

1.（父母说起过去的穷苦生活）爸爸，你和妈妈可真厉害，从一穷二白到把日子过得这么好。

2.（妈妈抱怨爸爸曾经很穷）妈妈，我知道你和爸爸是裸婚，结婚时连一张新床都没有。我为你们的真爱点赞！

3.（爸爸阻止我做一些事情）爸爸，我已经长大了，希望你相信我，让我独立处理一些事情。

4.（爸爸妈妈说起奋斗的日子）爸爸妈妈，我要向你们学习，自力更生创造美好的生活。

5.（妈妈担心我的工作）妈妈，你就不要操心我工作的事情了，我自己能处理好。

6.（爸爸让我给表弟安排工作）爸爸，很抱歉，我没有能力为表弟安排工作，您还是让他自己投简历吧。

7.（妈妈害怕拖累我）妈妈，你可不是我的累赘，家有一老，如有一宝，您是我的福气。

8.（妈妈想买玉床）妈妈，身体好不好和睡什么床没关系，床只要牢固舒适就行，玉床又硬又冷，对身体并不好。

9.（爸爸要买保健品）爸爸，你可不能迷信保健品，那些保健品商家特别喜欢玩弄一些噱头，欺骗老人。

10.（爸爸妈妈想投资理财）爸爸妈妈，咱们要保护好退休金，不能花冤枉钱。

11.（妈妈想买磁疗床）妈妈，我给您换一张舒服的适合老年人睡的床垫吧，再给您买一床轻便保暖的鹅绒被，那才对身体好呢。

12.（奶奶总是玩手机）奶奶，您都快把老花眼变成近视眼了，可不能再玩智能手机了。要不，我陪您去旅游吧。

13.（爷爷怕冷）爷爷，人老了身体机能下降，怕冷是正常的，您要穿得暖和点儿。

14.（爸爸贪杯）爸爸，你都六十多岁了，不比年轻人，可不要再贪杯了。

5. 坦诚沟通，互相理解——如何回孩子的话

【经典案例】

乐乐正在读高二，学习节奏紧张，学习压力很大。毕竟还有一年多就高考了，同学们都铆足了劲，想要冲刺理想的大学。这天晚上，下了晚自习，乐乐兴致勃勃地给妈妈打电话："妈妈，告诉你一个好消息。"妈妈的第一反应是考试成绩超乎预期，又忍着没有说出口，问道："什么好消息？"乐乐说道："下个月，我们要放高考假四天。"妈妈疑惑地问："高考不是才三天嘛，为什么要放四天假啊。"乐乐又说："我们学校是考场，必须提前放假一天布置考场。老师今天告诉我们，高一要组织研学活动，考

虑到我们高一时因为疫情没有研学，所以校领导特意批准高二学生自愿报名参加。研学三天。妈妈，我可以报名吗？"

乐乐一口气把好消息说得清清楚楚，就沉默下来，等待妈妈回答。妈妈问道："四天假期，作业肯定很多吧。"乐乐当即保证："妈妈，你放心，我保证完成作业。"妈妈又问："班级里有多少同学参加啊？"听到这句话，乐乐瞬间失落，问道："是不是如果参加的人少，你就不让我去了？对了，还要缴纳三千多的研学费用呢。"妈妈说："费用没关系的，我和爸爸可以帮你交。其实，我是支持你去研学的，毕竟见多才能识广，多走走看看总是好的。你报名吧，记住，你答应我的要完成作业哦。三天研学，只剩下一天完成作业，写作业的压力会比较大。"乐乐高兴地说："妈妈，你放心，我会提前询问好作业情况，利用休息时间完成一部分，绝对不会延误写作业。"

【场景解析】

近些年来，教育界流行研学，很多学校都组织开展短途或者长途旅行，带着孩子们开阔眼界，增长见识。在上述案例中，乐乐当然想参加研学活动，所以才兴高采烈地打电话征求妈妈的意见。其实，妈妈最担心的是研学占用了三天假期，导致写作业的时间紧张。为此，妈妈用第一个问题表达了担心。乐乐很聪明，当即做出承诺。当乐乐说起研学费用时，妈妈没有抱怨要承担额外的研学费用，而是给乐乐吃下定心丸。在这样的亲子关系中，妈妈积极地回应乐乐，满足乐乐的需求，也以长远的教育目光看到了研学给孩子带来的好处，支持乐乐参加研学，由此完全打消了乐乐的后顾之忧，让乐乐开开心心地等待研学。

很多父母虽然自称是世界上最爱孩子的人，但却总是把为人父母对孩子的恩情挂在嘴边，数次提醒孩子要感恩和回报父母。长此以往，孩子会对父母产生愧疚之心，认为自己给父母增加了负担。父母要改变与孩子沟通的方式，给予孩子积极的回应，哪怕为了满足孩子的需求而承担额外的支出，也不要给予孩子沉重的心理压力。对于父母而言，养育孩子是责任和义务，在陪伴孩子成长的过程中，父母能够成为更好的自己，获得独特的生命体验，这就是最大的回报和满足。

具体来说，在给孩子回话时，要做到如下几点：首先，尊重和平等地对待孩子，不要居高临下地命令或者指挥孩子。其次，征求孩子的意见，可以给孩子几个选项，让孩子做出选择。再次，换位思考，理解孩子的想法和感受，与孩子共情。最后，支持孩子做正确的事情，说出自己的担忧，引导孩子做出承诺，这样就能完美解决问题。

【金句】

1.（孩子说不冷）好吧，你说不冷就不冷。

2.（孩子嫌弃热）抱歉，妈妈只想到早晨天气冷，忽略了你大课间还要跑步。这样吧，我给你换个轻薄的羽绒服。

3.（孩子要参加篮球班）你喜欢打篮球，这很好啊，不但能提升球技，而且能锻炼身体。

4.（孩子拒绝上课外班）我帮你把课外班暂停一段时间吧，如果你学习上不感到吃力，我就把课外班退掉，好吗？

5.（高中生喊累）儿子，我知道高中的学习任务很重，学习节奏也很快，所以你感到累是正常的。累了就歇歇。

6.（孩子感到疲倦）既然觉得累，不妨调整一下学习节奏，适度放松。学习需要劳逸结合。

7.（孩子嘴馋了）儿子，你快说说，周末想吃什么，妈妈提前给你准备。

8.（住校的孩子打电话想回家）宝贝，我知道你学习辛苦了。如果你今天不想留在学校住宿，妈妈可以向老师请假，接你回家住一晚。

9.（孩子担心高考发挥失常）儿子，每个人都有属于自己的人生，爸爸固然希望你能考上西安交通大学，却不能强求你必须考上。

10.（孩子害怕高考）孩子，高考固然重要，却不是人生中唯一的大考。怀着平常心参加高考吧，坦然接受任何结果。

11.（孩子早恋）我相信你说的，恋爱也许能促进学习，但是作为学生必须遵守学校规定。

12.（孩子因为成绩而焦虑）成绩受到很多因素的影响，咱们尽最大的努力备战高考，从容接受一切可能出现的结果，好不好？

13.（孩子担心考不上名牌大学）条条大路通罗马，哪怕你最终只考上普通大学也没关系，我相信你不管将来做什么，都会做得很好。

14.（孩子不喜欢老师）作为学生必须尊重老师，恩师如父，好的老师甚至能影响你的命运轨迹。

6. 回话要投其所好

【经典案例】

作为保险代理人，张喆经常需要拜访陌生客户推销保险。有一天，在学校当老师的妹妹给张喆介绍了同事若影，原来，若影想给家人买保险。周末，张喆根据妹妹给的地址，在约定时间来到若影家里。因为有妹妹介绍，所以张喆开门见山地推销保险，若影的态度却很冷淡。张喆很纳闷：若影是想买保险的，为何对我的介绍不感兴趣呢？

看着若影书桌后面整墙的书架上摆满了书，张喆决定转移话题。他问若影："你家的书可真多啊，是您还是您的丈夫喜欢读书呢？"提到书，若影的脸上现出隐隐约约的笑意，说："是我。我是个书虫，我丈夫却不喜欢读书。"张喆指着书架上路遥的《平凡的世界》说道："这套书，我初中读了一遍，高中读了两遍。我最喜欢孙少平，你呢？"若影的眼睛亮了，她赶紧说道："我也喜欢孙少平，只可惜他的女朋友田晓霞去世了。不然的话，他们一定能冲破世俗的藩篱，成为精神契合的情侣。遗憾的是，人生总不圆满。"张喆也感慨孙少平出身贫苦，自尊心强，还说起孙少平每次吃饭都等到最后的事情。不知不觉，他和若影聊了很长时间，还说起其他乡土作家的一些著作。后来，若影主动询问张喆："对了，你再给我介绍一下保险条款吧，我主要想买全家人的重疾险，以及我和我丈夫的定期寿险。"等到张喆再次开口滔滔不绝地介绍保险条款时，若影听得特别认真，还时不时地提出问题。很快，若影就从张喆这里购买了保险。

【场景解析】

每个人都有喜欢和在意的事情，在与他人交谈时，我们要留心观察他人对哪些事情感兴趣。如果预先知道要与某个人交谈，我们还可以做好准备工作，例如打听对方的喜好，准备能够激发对方谈兴的话题。如果随机与某个人交谈，没有时间提前准备，那么我们可以通过观察对方对当下话题的反应，捕捉对方感兴趣的信息。总之，要想回话回得好，投其所好少不了。

投其所好，除了要迎合对方的喜好之外，还要避开对方的雷区。例如，同为高考生，不要当着考得不好的同学说起高分，不要当着落榜的同学说起大学。古人云，知己知彼，百战不殆。从某种意义上来说，与他人交谈是试探他人的过程，我们不能自顾自地说，而要用心观察对方脸上的表情，倾听对方话语的含义，这样才能实现真正的双向沟通。

【金句】

1.（面对自己不懂的事情）其实，我不太了解这方面的内容。您说吧，您是行家，我受教了。

2.（和医生交谈）哦，抱歉，我说起自己擅长的领域就滔滔不绝。实际上，我早就想向您请教一些医学问题。

3.（请教儿科医生）我知道，您是儿科专家。前段时间，我姐姐家的孩子一直咳嗽，没有炎症，也没有痰液的，就是咳嗽。您觉得这是什么原因呢？

4.（请教老师如何教育孩子）我知道您是老师，您对教育孩子一定颇有心得吧。我迫切需要得到您的指导。

5.（学习炒股）马经理，听说您炒股特别厉害，能传授一些心得给我吗？

6.（学习搭配色彩）色彩的搭配是一门学问。如果你想学，可以来我的课堂。

7.（发现金嗓子）朽木不可雕，孺子却可教。如果你愿意，我可以当你的声乐老师。

8.（当家人嫌弃饭菜味道寡淡）正如《舌尖上的中国》所说的，越是顶级的食材，只需要用最简单的烹饪方式。

9.（面对厨艺高超的厨师）您是点石成金的厨艺大师，居然能把老百姓餐桌上味道寡淡的白菜做出奢华的味道。

10.（当客户迟迟不能决定购买）我知道您特别看重商品的实用性，这款扫地机一定能满足您的需求。

11.（当客户反复试穿大衣）我知道您最注重款式，这件大衣可是最新款呢，穿上它您就能走在时代前沿。

12.（当哥哥感谢弟弟）咱们兄弟之间还需要说谢谢吗？有事情尽管来找我。

7. 回话要区分场合

【经典案例】

小兵是一位歌手，他离开家乡，独自来到大城市打拼，吃足了苦头，才终于崭露头角。他不敢有丝毫骄傲和懈怠，继续拼搏和努力。又过去很多年，他已经成为著名歌星。这年春节，小兵接受家乡电视台的邀请，参加了春晚演出。除夕夜的晚上，台下坐满了观众，其中既有省委和市委的领导，也有很多普通观众。可想而知，这是一个特别正式的场合，演出将会面向全国直播呢。轮到小兵上台唱歌了，他唱得非常好，赢得了一阵阵热烈的掌声。

演出结束后，有个记者采访小兵，问道："小兵，您好，听说您之前在中央电视台的唱歌比赛中当过评委呢，您有什么感想？如今，您回到家乡，又想对家乡的亲朋好友们说些什么呢？"小兵对着摄像头，不假思索地说道："承蒙大家抬爱，我才有机会去中央电视台当评委。在未来的日子里，如果有家乡人去中央电视台参加唱歌比赛，我一定会假公济私，给他们打高分的！"

【场景解析】

回话一定要区分正式场合和非正式场合。显而易见，在正式场合里，回话要相对正式，最好能静下心来组织语言，确保表达有分寸，有条理，这样才能表现出自身的涵养和素质，给他人留下好印象。反之，如果在非正式场合里，例如我们私底下与朋友说话，那么则可以轻松随意些，说些家常话，还可以适时发挥幽默感，活跃说话的氛围。

在公开场合里，回话最好不要涉及敏感问题。有些人心思简单，不愿意斟酌和组织语言，因而自诩"刀子嘴豆腐心"，却在不知不觉间得罪了很多人。还有些人说起话来弯弯绕绕太多，殊不知当众讲话与私底下与某个人交谈是不同的，大家不会猜测说话者的心思，所以说话者没有必要意在言外。总之，回话要区分场合，有些话可以私底下对关系要好的朋友说，却不能在公开场合对所有人说。俗话说，到什么山头唱什么歌，要想把话回好，就要始终牢记这个原则。

【金句】

1.（上台领奖时）在这个特殊的日子里，我要感谢所有同事，谢谢你们一直以来对我的支持和帮助。

2.（出院回家时）医生，感谢您以精湛的医术拯救了我，我才得以重生。

3.（结婚典礼上）我愿意嫁给他，与他携手并肩，共创美好未来。

4.（在公司里）刘宁，咱们私底下是哥们，在公司里却是上下级关系，我必须对你毕恭毕敬。

5.（哥们一起喝酒）咱们俩上大学时好得穿一条裤子，你难道都忘了吗？

6.（在私下的场合里）我可是你哥们，你居然敢罚我写检讨，看我不狠狠地揍你一顿。

7.（在肿瘤医院的诊室里）姑娘，刚才你爸爸在，我不好说，其实他就剩下大概一年的生命了。

8.（在毕业典礼上）在这个特别的日子里，我要感谢我的老师，没有老师就没有我的今天。

9.（在汽车销售公司的大厅里）肖经理，谢谢您特批给我的折扣，我请大家喝奶茶吧。

10.（在陈总爸爸的葬礼上）陈总，真想不到老人家突然驾鹤仙逝，您节哀顺变。

11.（在儿科病房里）孩子年纪小身体弱，难免会生病，康复就好了。

12.（在办公室里）今天是彭总走马上任第一天，大家都热烈欢迎。

8. 回话要入乡随俗

【经典案例】

很久以前，有户人家娶媳妇。为了表示对新媳妇的重视，这户人家专门借了一辆大型马车，有三匹马拉着呢。迎亲时，新媳妇刚刚坐上马车，就撩开小窗户往外看去，发现有三匹马拉着富丽堂皇的马车，马上问道："这辆马车是谁家的？"车夫听到新媳妇的话，扭头回答道："这是借来的，邻居家的。"一听马车是借来的，新媳妇很担心，赶紧叮嘱道："既然是借来的马车，一定要小心驾驶，爱护马匹，可不要用鞭子抽它们啊！"车夫笑而不语，心里却觉得新媳妇爱管闲事。

马儿拉着车跑得很快，大约一个时辰，就来到了夫家门口。在喜婆婆的搀扶下，新媳妇下了马车，跨过火盆，开始拜堂。正当司仪喊"一拜天地"时，新媳妇突然扭头对身边的人说："刚才我跨过来的火盆灭了吗？如果没灭，现在就去灭掉，不然会失火的。"新媳妇话音刚落，在场的人全都哈哈大笑。新媳妇不明就里，又说："我刚才走过来的时候，发现过道里有一棵很大的盆景，放在那里太挡路了，先挪到院子里吧。"这时，大家窃窃私语："这个新媳妇可真是个爱操心的主，今天是她大喜的日子，她却操心这个操心那个，都没法专心拜堂。"

【场景解析】

不管是在古代还是在现代，结婚都是每个人一生之中屈指可数的几件大事之一。作为新媳妇，进入婆家的门之后操持家务，侍奉公婆，这些都是应该做的，却不能在婚礼当天还顶着红盖头呢，就胡乱操心。结婚当天，新郎新娘最重要的事情就是完成婚礼。可想而知，新媳妇的所作所为必然招致宾客的嘲笑和议论。

不管做什么事情，我们都要牢记入乡随俗的原则，以确保所言所行符合当时的情境，这样才能让回话产生预期的效果。反之，哪怕回话态度温和，言语宽容，也与周围的人和事显得格格不入。

中国有很多民族，每个民族都有自己的文化，也有自己的风俗。我们除了要区分不同的情境之外，还要在面对不同地区、不同民族和不同国家的人时，改变表达方式。例如，中国人习惯以"吃了吗""去哪儿"与别人打招呼，这种寒暄的方式并不适用于国外。如果去到欧美的国家，我们问对方"吃了吗"，对方会误认为我们想请他们吃饭；我们问对方"去哪儿"，对方会误认为我们在打探他们的隐私。和西方国家的人寒暄，可以说一些无关紧要的事情，例如天气状况、交通状况等，这样才能避免引起误解。

【金句】

1.（在爱吃醋的山西饭桌上）听说山西人爱吃醋，我们当然要尝尝地道的山西醋。

2.（在酿醋的作坊里）来到山西，我必须爱吃醋啊。山西的醋全国闻名，在其他地方，我可吃不到这么正宗的山西老陈醋。

3.（在农村婆婆家里）妈，我是新媳妇，理应回到婆家陪着你和爸爸过年。农村只是灰尘大一些，并不脏的。

4.（在蒙古包里围坐一桌）早就听说蒙古人喝酒豪爽，真是百闻不如一见啊，看来我今天只能不醉不归了。

5.（在山东农家宴席上）来到咱们山东，我必须吃煎饼卷大葱啊，最好再抹点儿酱。

6.（在热辣沸腾的重庆）我早就想吃正宗的重庆九宫格火锅了，谢谢你的招待！

7.（在热情好客的东北人家）哎呀，来客人了，咱们上炕唠嗑吧。

8.（在东北铁锅炖的饭店里）俗话说，智者不入爱河，铁锅只炖大鹅。来到东北，当然要吃铁锅炖大鹅啊！

9.（在河南路边摊吃早餐）我早就听说河南逍遥镇的胡辣汤最好喝，今天终于有机会尝一尝了。

10.（在武汉排队过早）在武汉过早，怎么能不来一碗热干面呢。

11.（在龙舟比赛现场）端午节了，我们一起去划龙舟吧！

12.（在高山脚下）九九重阳，我们一起去爬山吧，对了，还要喝菊花酒！